NOTICE HISTORIQUE

sur

BEAUCAMPS-LE-VIEUX

(Somme)

Par P.-L. LIMICHIN

REIMS

IMPRIMERIE DE L'ACADÉMIE (N. MONCE, Dir.)

24, rue Pluche, 24

M DCCC XCV

NOTICE HISTORIQUE

SUR

BEAUCAMPS-LE-VIEUX

(Somme)

NOTICE HISTORIQUE

SUR

BEAUCAMPS-LE-VIEUX

(Somme)

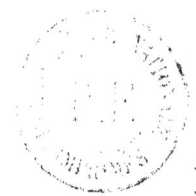

Par P.-L. LIMICHIN

REIMS

IMPRIMERIE DE L'ACADÉMIE (N. MONCE, Dir.)

24, rue Pluche, 24

M DCCC XCV

AVANT-PROPOS

En écrivant cette Notice, que nous dédions à nos Concitoyens, nous n'avons pas la prétention de croire que nous avons échappé à toutes les erreurs. Nous avons franchement cherché la vérité, et nous avons écrit avec conviction. Néanmoins, nous recevrons avec reconnaissance, de nos amis et de nos compatriotes, les observations qu'ils voudront bien nous adresser.

Dans cette Notice de Beaucamps, *nous avons essayé de donner une idée exacte de l'histoire particulière de cette commune. Si nous laissons plus d'un point dans l'ombre, que le lecteur daigne user de bienveillance, et en rejeter en partie la faute sur l'insuffisance des documents.*

P.-L. L.

NOTICE HISTORIQUE
SUR
BEAUCAMPS-LE-VIEUX

I.

Le Plateau de Beaucamps. — Terrain. — Le Vaudier. — Flore.

La commune de *Beaucamps-le-Vieux* est située sur un plateau dont deux côtés sont nettement déterminés par les vallées de la Bresle et du Liger.

Ce plateau, qui donne la plus haute altitude du département (208 mètres), est orienté du nord-ouest au sud-est. Sa forme est à peu près celle d'un triangle, limité à sa base par la rivière de Poix, qui prend sa source à Souplicourt (1), et coule de l'ouest à l'est pour venir se jeter dans la Celle, un peu au-dessous de Conty. Sa plus grande longueur peut atteindre trente kilomètres. Il appartient au terrain crétacé, et a dû, à une époque difficile à préciser, servir de limite à la mer.

Les nombreuses collines disposées çà et là dans la contrée, sans ordre bien précis, presque isolées les unes des autres par les ravinements diluviens, paraissent prouver ce fait.

(1) Souplicourt, département de la Somme.

La craie que l'on y trouve est d'une grande richesse (1). Elle est recouverte de limon dont la partie supérieure argileuse, assez fertile, peut servir à la fabrication de briques d'excellente qualité.

Dans la vallée du *Vaudier*, on rencontre une quantité considérable de silex disposés par couches, mêlés tantôt à l'argile, tantôt à la craie. Ce sont les sources qui devaient se trouver autrefois dans cette vallée qui ont amené le silex et l'ont mélangé, à l'état gélatineux, aux sédiments crayeux. En se consolidant, la silice s'est concrétée autour de centres d'attraction qui souvent étaient un fossile.

La flore de *Beaucamps* est la même que celle de la région. On y récolte le blé, l'avoine, les fourrages et l'orge. Il existe beaucoup de pâturages (herbages, cortis), la plupart entièrement plantés de pommiers qui donnent d'excellent cidre.

A noter, en passant, une pomme spéciale au pays, appelée : *Pomme grise de Beaucamps*.

---

(1) La craie que l'on rencontre à *Beaucamps* est une craie à Micraster Cortestudinarium, généralement employée au marnage des terres. Elle contient souvent du silex, et, dans certains pays, on s'en sert comme pierre à bâtir. L'église de Beaucamps est en partie construite avec cette craie.

II.

Situation de Beaucamps. — Eaux. — Puits. — Superficie territoriale. — Ressources de la commune.

C'est dans un site admirable, presque au centre du plateau qui porte son nom, qu'est situé *Beaucamps*. Son altitude varie entre 180 et 205 mètres. Sa forme est celle d'un trapèze, dont un côté, tourné vers le nord, regarde la vallée du Liger. Le côté sud est à proximité de la vallée de la Bresle.

Bien que limité, pour ainsi dire, par deux rivières, *Beaucamps* est le pays le moins favorisé pour l'eau potable. Sa population est entièrement alimentée par les eaux pluviales reçues dans des citernes. Il existe cependant deux puits, dont l'un très ancien, aussi vieux que le village, l'autre, de création plus récente (1834), situé dans le quartier du *Bois-de-Rambures,* fournissent des eaux d'excellente qualité ; malheureusement, leur profondeur en rend l'emploi difficile. Il semble que des forages intelligents, pratiqués dans la vallée du *Vaudier,* permettraient de servir aux habitants une eau potable, ce qui améliorerait dans de notables proportions l'hygiène du pays.

La dépense qu'exigeraient ces travaux ne doit certainement pas être considérable ; dans tous les cas, ce serait un réel service que l'on rendrait à la commune, et celui qui en concevrait le plan et l'exécuterait aurait droit à la reconnaissance de ses concitoyens.

C'est à ce manque d'eau potable qu'il faut attribuer les nombreuses épidémies des siècles derniers. En 1694, la population fut entièrement décimée ; il mourut, dans les mois de mars et avril, près de cent personnes (1). Ce fléau reparut en 1719-20, 1736 et 1750 (2).

L'emploi exclusif des mares constituait autrefois un terrible foyer de contagion, d'autant plus dangereux que ces mares étaient à proximité des habitations, et, plus souvent encore près des fumiers. L'usage des citernes a beaucoup contribué à l'amélioration des conditions hygiéniques, conditions qui deviendraient parfaites si l'on pouvait se servir d'eau de source, et feraient de *Beaucamps* un pays très salubre.

La situation même de ce village permet d'y respirer un air pur et sain ; le climat y est tempéré ; il n'y fait ni trop chaud ni trop froid, et l'on pourrait attribuer cet état de choses aux nombreux bois qui l'entourent. Très rarement on y voit de ces orages terribles qui font la désolation d'une contrée, et plus rarement encore y tombe la foudre. Ceci paraît tout à fait invraisemblable, étant donnée l'altitude du pays. Cela s'explique par le voisinage des vallées du Liger et de la Bresle.

Beaucamps compte 1,795 habitants (3), 595 ménages répartis dans 516 maisons. Le recensement de 1836

---

(1) On fit jusqu'à quatre enterrements dans une journée.
(2) Archives communales.
(3) Sexe masculin, 964 ; sexe féminin, 831. (Archives communales.)

donnait 1,740 habitants, et celui de 1845, 1,802 personnes (1). Si nous remontons à une époque plus lointaine, nous verrons que la population de ce village a mis deux siècles pour doubler. Une note de 1667 (2) nous apprend que, cette année même, 568 personnes reçurent la communion pascale, ce qui permet de porter le nombre des habitants entre 8 et 900.

Actuellement, *Beaucamps* est la plus forte commune du canton (550 électeurs). La superficie territoriale est de 502 hectares, exactement 501 hectares 6641, dont 362 en culture (3).

Ce village fait partie de l'arrondissement d'Amiens, dont il est distant de quarante-huit kilomètres, et est éloigné de son chef-lieu de canton, Hornoy (4), de dix kilomètres. — Bureau de poste depuis 1880. Le télégraphe y a été installé en 1889. — Perception. — Bureau de bienfaisance, dont le revenu annuel est de 660 francs. Les recettes ordinaires de la commune atteignent 10,718 francs.

Commerce. — Autrefois existait à *Beaucamps* une industrie très ancienne, qui consistait dans la fabrication d'une étoffe grossière, désignée dans le pays sous le nom de Bellinge, et appelée dans le commerce Tiretaine.

Au xiii° siècle, les tiretaines étaient fort en vogue, et les chroniqueurs nous apprennent que le bon roi saint

(1) Archives communales.
(2) Archives personnelles.
(3) Archives communales.
(4) Autrefois le chef-lieu de canton était Liomer.

Louis rendait la justice sous le chêne de Vincennes, vêtu d'un surcot de tiretaine.

Sous le règne de Louis XIV, cette industrie était des plus florissantes, et les bellingers (1) *Beaucampois* étaient réputés dans la France entière comme les meilleurs ouvriers pour ces sortes de tissus.

Le comte de Boulainvillers dit, dans un mémoire daté de 1737, qu'il « existe une manufacture à *Beau-*
« *camps* et Coppegueule, non loin d'Aumale, où l'on
« fabrique des étoffes nommées bellinges, sorte de
« tiretaine de fil et de peignon, qui sert à vêtir les
« pauvres, et est dans un très grand débit. On y compte
« 75 métiers, qui en fabriquent 3,000 pièces de la valeur
« de 50 livres chacune, ce qui forme un produit de
« 150,000 livres.....

« Les fileuses de Picardie sont fort estimées, à cause
« de leur adresse à manier la laine; il en a passé
« plusieurs, depuis la paix, en Hollande aussi bien
« qu'en Angleterre, de même que plusieurs ouvriers,
« le tout à cause de la cessation du travail causée par
« la cherté des laines (2). »

On venait de très loin chercher à *Beaucamps* des tiretaines; quand il y avait acheteur, on en informait les habitants, qui portaient leurs « pièces » à l'endroit encore appelé de nos jours le « burieu », (le bureau) (3). Il y avait un aulneur juré (4).

Très souvent, le marché d'Abbeville absorbait la plus

(1) On appelait ainsi les tisseurs de tiretaine.
(2) *État de la France,* tome II.
(3) Tradition.
(4) Archives communales.

grande partie des bellinges fabriquées à *Beaucamps*, et, chose curieuse, ce fut Abbeville qui porta le coup fatal à cette industrie. L'introduction des draps dans cette dernière ville par les frères Van Robais (1), la protection qu'obtinrent ces tissus auprès de Colbert, firent disparaître peu à peu l'usage des tiretaines, si bien qu'au commencement de notre siècle, *Beaucamps* ne comptait plus que très peu de bellingers.

Cette fabrication de tiretaines était entièrement locale ; on teignait l'étoffe dans le pays même, après l'avoir fait passer aux moulins à foulons de Saint-Germain-sur-Bresle.

Un acte de l'an V de la République (30 ventôse), dressé en l'étude de Mᵉ Roch Despreaux, notaire à *Beaucamps*, nous apprend que les « pièches » avaient une longueur variant entre 70 et 75 aunes (83 à 88 mètres), et que les fabricants de tiretaine payaient, pour le foulage d'une pièce, 45 sous au propriétaire du moulin, et 5 sous au garçon qui les aidait ; moyennant cette somme « le dit propriétaire se rendait garant et « responsable, au désir de la loy, des trous qui pour- « raient être faits aux pièches par les faits du foulage, « ou de tout autre défauts occasionnés aux tiretaines « de la faute du munier (2) ».

Des lettres patentes du roi Louis XV, publiées en 1717, règlent la manière de fabriquer les tiretaines : « Les tiretaines qui se fabriquent à *Beaucamps-le-Vieil*

---

(1) Les frères Van Robais construisirent, en 1650, près de Blangy, un moulin à foulons désigné sous le nom de « Moulin de Hollande ».

(2) Archives personnelles.

« et aultres lieux où il s'en fait de même qualité, soit
« blanches ou grises, auront 30 portées de 20 fils
« chacune, faisant 600 fils, qui seront passées en foulon
« et auront 1/2 aulne de large et 35 à 40 aulnes de
« long (1). »

Ces lettres ajoutent que les « chaînes seront d'un fil
« fin et qu'il est défendu d'employer les mauvaises
« bourres ».

Le commerce des bellinges (2), disparu de nos jours,
a fait place à une industrie assez intéressante, à peu
près unique en son genre. Cette industrie, qui fait
vivre la majeure partie de la population pauvre, consiste dans la fabrication de tibaudes, tissu préparé
avec du poil de vaches, auquel on a donné, dans le
pays, le nom de *béri* (3).

Ce *béri* est filé et tissé à la main.

Mentionnons aussi une importante fabrique de passementerie, fondée il y a une vingtaine d'années, et située
à l'une des extrémités de *Beaucamps,* sur le territoire du
Quesne. Cette usine, très florissante, occupe plusieurs
centaines d'ouvriers.

Agriculture. — Voies ferrées. — On ne rencontre
pas de fortes cultures dans ce pays, dont les terres d'ailleurs sont assez médiocres, principalement dans la vallée
du Vaudier ; mais il existe de nombreux pâturages, où

---

(1) Archives départementales.

(2) En 1730, il existait à Beaucamps 63 fabricants de tiretaine, possédant 70 métiers battants et 11 métiers bas, qui produisaient annuellement 885 pièces.

(3) *Béri*, ainsi appelé parce qu'à l'origine on tirait ce poil de vaches de la province du Berry.

se pratique, depuis quelques années, l'élevage en grand des animaux de boucherie. Les heureux résultats qu'on a obtenus ont donné un essor considérable à ce genre de commerce, et il est à espérer qu'il constituera dans l'avenir une des principales richesses de cette commune.

La prospérité de *Beaucamps* s'est récemment accrue par la construction de deux voies ferrées, dont l'une, à proximité du pays, sillonne la vallée de la Bresle, et le met en communication directe avec Paris et la mer; l'autre, beaucoup plus récente, lui donne des rapports journaliers avec Amiens.

Cette ligne, inaugurée le 16 juin 1891 (1), a un parcours de quarante-huit kilomètres. Elle se termine à *Beaucamps*. Divers projets sont à l'étude, pour la prolonger jusqu'à Aumale.

Marchés. — Chaque semaine, le dimanche matin, a lieu à *Beaucamps* un marché assez important. Depuis 1889, on a tenté d'ouvrir un franc-marché, qui se tient le quatrième mardi de chaque mois (2). Cette tentative n'a produit jusqu'à ce jour aucun résultat bien appréciable.

(1) Archives communales.
(2) Archives communales, délibération du 21 novembre 1888.

III.

La vallée de la Bresle.
Le vallon de Coppegueule. — Le Vaudier.

Comme nous l'avons déjà vu, c'est dans un site des plus charmants et des plus agréables qu'est situé *Beaucamps*. Sans parler de la délicieuse vallée du Vaudier, que l'on quitte toujours avec regret, signalons particulièrement la vallée de la Bresle.

A l'extrémité sud du territoire de *Beaucamps*, la petite rivière de Bresle (1) coule rapide, encaissée entre de grands coteaux presque à pic du côté de la Picardie, et un peu moins élevés de l'autre côté. Elle suit un cours sinueux, dans un lit peu profond, et arrose jusqu'à la mer de gras pâturages, une des principales richesses de la contrée.

Si l'on se place sur la route qui conduit de *Beaucamps* à Saint-Germain-sur-Bresle, près du chemin de Coppegueule, on jouit d'un spectacle ravissant. Si loin que la

---

(1) *Bresle*. Autrefois, la rivière de Bresle s'appelait *Au* ou *Auva*, d'où est venu Eu (rivière d'Eu).

Les Romains habitèrent la vallée, et bâtirent une ville non loin d'Eu. Au Bois-l'Abbé, on trouve de nombreux vestiges romains, et c'est là que fut, d'après l'opinion de plusieurs archéologues, l'ancienne Augusta. Un temple à Jupiter fut élevé à l'endroit où se voit aujourd'hui l'église du Vieux-Rouen.

Le mot *Bresle* vient du celte *Breiz*, qui signifie truite. Les truites de la Bresle sont encore renommées.

vue puisse porter, elle se repose agréablement sur de charmants paysages, qui font penser à la Suisse et aux Pyrénées.

Cette magnifique vallée de la Bresle paraît inconnue de la plupart des touristes, qui vont chercher bien loin des sites agréables, et cependant, tout ce que le touriste peut désirer, il le trouve sur les bords de la Bresle : poisson renommé et abondant, promenades charmantes, chasses, sources d'eau, etc... Si sa curiosité l'entraîne jusqu'à l'embouchure de la rivière, il rencontrera Tréport avec sa petite plage, si fréquentée depuis quelques années.

Près du chemin où nous avons laissé le lecteur, sur la droite, est un monticule assez élevé, couronné d'un bois, et séparé de la route par le vallon profond de Coppegueule. De cette hauteur, l'on découvre une partie considérable de la vallée, qui se présente sous un nouvel aspect. Sur la gauche, Saint-Germain-sur-Bresle (1)

---

(1) *Saint-Germain-sur-Bresle* doit son nom à saint Germain, évêque et martyr.

Après avoir évangélisé l'Angleterre, saint Germain revint dans les Gaules, débarqua près de la Hougue, et prêcha l'évangile à Bayeux. Étant sorti de cette ville, il gagna Mortemer et traversa la rivière d'Eaulne. Parvenu dans la forêt d'Eu, non loin de la commune des Essarts (canton de Blangy), le saint fit boire son cheval et baptisa des néophytes, dans une mare qui porte encore le nom de mare de Saint-Germain. Continuant sa course, il arriva au Vieux-Rouen, pays encore plongé dans les ténèbres du paganisme, et gouverné par le farouche et cruel Hubault.

Comme, un jour, le saint était en prières auprès d'une petite chapelle située au milieu des bois traversés par la Bresle, Hubault s'approcha et lui trancha la tête.

La légende rapporte que le corps et la tête de Germain restèrent apparaît avec son antique église. En face, c'est Vieux-Rouen que l'on aperçoit, avec son importante verrerie ; sur la droite, c'est le village de Senarpont (1), avec le vieux château qu'habita la famille de Monchy.

A Senarpont s'ouvre la vallée du Liger, qui contourne à l'ouest et au nord le plateau de *Beaucamps*.

En remontant le Liger vers sa source, on rencontre

un certain temps sans sépulture. Une jeune fille qui venait prier en ces lieux, attirée par une voix douce et plaintive, vit la tête du saint qui ouvrait la bouche ; elle s'avança, et la tête lui parla ainsi : « Jeune fille, rassemble mes cheveux épars, ma tête et « mon corps, et va trouver mon ami Senart, qui habite près du « pont (le pont de Senart, d'où est venu Senarpont); dis-lui « qu'il vienne m'ensevelir (480). »

Senart inhuma le corps de Germain à l'endroit où fut construite plus tard l'église actuelle.

En 1080, Engebrame, comte d'Amiens, ayant relevé l'abbaye de Saint-Fuscien-aux-Bois, réunit à ce monastère l'église et le prieuré de Saint-Germain-sur-Bresle. Cet état de choses dura jusqu'à la Révolution.

Il existait au siècle dernier, à Saint-Germain, une coutume très ancienne.

Le jour de la fête du saint, le curé célébrant l'office se tournait vers le peuple, au moment de l'offrande, et prononçait ces paroles : « S'il y a ici quelque habitant de Senarpont, quel que soit son âge, son sexe ou sa condition, qu'il approche le premier, quand même le seigneur du lieu serait présent. »

La raison de cette prérogative singulière vient de ce que ce fut le seigneur de Senarpont qui rendit les derniers devoirs au saint martyr.

(1) *Senarpont*. — A 47 kilomètres d'Amiens et à 9 kilomètres d'Oisemont, son chef-lieu de canton. Autrefois de l'élection d'Abbeville.

La seigneurie de Senarpont appartint d'abord à la famille de Senarpont, dont était Firmin de Senarpont, maïeur d'Abbeville en 1199. Elle passa ensuite dans la famille de Cayeux, dont les principaux seigneurs furent : Mathieu de Cayeux, Jean de Cayeux,

sur la gauche une arête énorme qui s'avance quelque peu dans la vallée, en décrivant une courbe. C'est sur ce massif que se dressent les ruines du château fort d'Arguel (1), pris par les Anglais en 1347 et repris en 1402 par les Français, qui le rasèrent entièrement, après avoir passé au fil de l'épée la plus grande partie de la garnison. Arguel est placé en face de Beaucamps, un

Catherine de Cayeux, dame de Senarpont, Mathieu II de Cayeux, Jeanne de Cayeux, dame de Senarpont.

Leurs armes étaient : *Parti d'or et d'azur à la croix ancrée de gueules sur le tout.*

Cette terre fut plus tard dans la famille de Monchy, pour passer ensuite aux Mailly.

L'église, du XIII° siècle, renferme un tombeau encastré dans la muraille de la nef, et surmonté d'une pierre sur laquelle est représenté un chevalier portant sa cotte d'armes et l'écusson de la maison de Monchy. La voûte du chœur est d'une construction hardie, tant elle est surbaissée.

Senarpont est une station sur la ligne d'Abancourt au Tréport.

Foires : lundi de la Quasimodo et le 25 septembre, fête de saint Firmin. Ces foires furent établies sous Louis XI, en octobre 1463, par l'ordonnance de Neuchâtel, à la demande d'Edmond de Monchy, parce que « le pays et le château avaient été dévastés par suite des guerres précédentes ».

Pour l'étymologie du mot Senarpont, voir la note, page 11.

(1) *Arguel*, arrondissement d'Amiens, canton d'Hornoy, à 179 mètres d'altitude. Son nom, d'après quelques auteurs, viendrait de *ara* (autel). Nous croyons qu'il est préférable de chercher l'étymologie du mot Arguel dans l'ancien français *Argine*, qui signifie rempart, défense, et, par extension, château fort.

Il existe une commune du même nom dans le département du Doubs, près de Besançon, et on y voit encore un ancien château fort ; ce village est souvent mentionné dans les ordonnances des rois de France : *Locus Arguello*. Un seigneur Renouard d'Arguey (d'Arguel), est cité dans l'ouvrage de Gabriel du Moulin, *Histoire de Normandie*, comme ayant assisté à la première croisade.

Autrefois bailliage.

peu au nord-ouest, vis-à-vis de la vallée du *Vaudier*.

Cette vallée du *Vaudier* s'enfonce profondément dans le plateau de *Beaucamps* et donne naissance, à son extrémité, à plusieurs vallons, dont l'un se dirige vers Neuville-Coppegueule. Autrefois, la vallée du *Vaudier* servait de lit à une petite rivière qui allait déverser ses eaux dans le Liger. La tradition rapporte qu'au siècle dernier, et même au commencement de ce siècle, existait encore un petit ruisseau qui se transformait en véritable torrent lors de la fonte des neiges ou au moment des grandes pluies. Sans remonter bien loin, on voyait, quelques années avant le défrichement du bois, un pont placé à l'endroit qui est devenu de nos jours le lieu dit : *le Pont*.

Depuis un temps immémorial, toute cette partie du *Vaudier* était couverte d'une forêt impénétrable.

A l'époque la plus florissante de la domination gauloise, c'était un bois sacré, et les druides, chaque année, drapés de blanche laine, la barbe décolorée par l'âge, promenaient dans les chesnaies profondes la faucille d'or et récoltaient le gui. Ils invoquaient le ciel en des hymnes farouches, et sacrifiaient aux dieux qui récompensent le courage et président à la mort.

Dans les ombres de la nuit, à l'abri des chênes séculaires, se réunissait le clan, et c'était au milieu d'orgies et de chants bruyants et terribles qu'il décidait de la guerre.

Aux temps des grandes calamités, prêtres et peuple se rassemblaient pour immoler à leurs dieux des victimes humaines.

Aucun document autre que la tradition ne prouve

qu'autrefois le *Vaudier* fut un bois sacré. Cette tradition a d'autant plus de valeur qu'elle est confirmée par le mot même de *Vaudier*. Vaudier, en latin *Vallis Deorum* (Val-des-Dieux), a fait *Val diex, val dier,* et, par corruption *Vaudier,* en patois Veudié.

On n'a pas retrouvé de ces monuments druidiques tels qu'on en rencontre actuellement dans la vieille Armorique, la Bretagne de nos jours. En a-t-il existé? Probablement. Nos pères en ont peut-être connu, et ont sans doute vu de ces pierres consacrées à Esus, de ces autels jadis ensanglantés par les sacrifices humains.

Aujourd'hui, le bois du *Vaudier* n'existe plus; on l'a défriché de notre temps, et à sa place sont maintenant des terres peu fertiles.

Il appartenait autrefois aux comtes d'Eu, et passa, à la fin du xviii° siècle, au duc de Penthièvre. En dernier lieu, il était possédé par la famille d'Orléans. Lorsque la loi contre les prétendants fut votée, l'État s'en empara, et le vendit en 1867 à une société qui se chargea de l'exploiter.

Depuis longtemps, une partie, d'une contenance de 40 ares, en avait été distraite pour servir de place d'armes (1) et de promenade à la population de *Beaucamps* (2). Un décret du 6 avril 1870 déclara cette

(1) Archives communales.
(2) *La Plaine*, nom que l'on donne à cette place d'armes, devait servir, à l'origine, pour les exercices de la garde nationale, qui formait alors une compagnie variant entre 120 et 150 hommes.
Cette compagnie, très ancienne, remontait au siècle dernier. Nous voyons, sur les registres de l'état-civil de Beaucamps-le-Vieux, le mariage de Jean-Adrien Beuvain, capitaine des gre-

place d'utilité publique (1) ; néanmoins la famille d'Orléans, qui, quelque temps après, reprit ses droits sur différents biens, ne fit la cession définitive de ce terrain à la commune que trois ou quatre années plus tard.

La superficie totale de la forêt du *Vaudier* était évaluée à 184 hectares 36 ares.

nadiers de la garde nationale de *Beaucamps-le-Vieil*, électeur du district d'Amiens, année 1790.

(1) Archives communales.

IV.

Origine des premiers habitants de Beaucamps.— Fondation de Beaucamps. — Les Coppegueules. — Beaucamps-le-Jeune. — Les premiers Seigneurs. — Le Château.

§ Ier.

La tradition rapporte, avec beaucoup de vraisemblance, que la population *beaucampoise* est d'origine bretonne ; ce qui est certain, c'est qu'elle n'appartient pas à la race qui prédomine dans cette partie de la Picardie.

Outre le caractère et les mœurs, il existe dans la vie d'un peuple un lien qui le rattache à d'autres peuples, ce lien est le langage. Or, il est un fait certain, c'est que de nos jours encore, il est permis de constater dans le patois du pays des mots se rapprochant, d'une manière frappante, de ceux de quelques patois dérivant du breton. C'est en consultant les *Chants populaires de la vieille Bretagne* (1) que nous avons pu nous rendre un compte exact de ce fait. Comme dans le breton, il y a beaucoup de terminaisons en *eu, iu, ein;* beaucoup de mots commençant par *k* ou *gw*, que la suite des siècles a fortement adoucis. Les pronoms personnels *mi*,

(1) M. DE LA VILLEMARQUÉ

ti, li ou *ly* sont bretons (1) ; on dit à *Beaucamps* : *Diu* pour *Dieu,* et on dit en breton : *Diou; trou,* qui, en celte, fait *traue,* se prononce à peu près de la même façon dans notre pays, où l'on dit *treu.* Il nous serait possible de donner d'autres exemples.

Ceci étant acquis, laissons parler la tradititon.

« A la suite d'une guerre qui eut lieu entre Robert-
« le-Diable ou le Magnifique (2), duc de Normandie, et
« Alain, duc de Bretagne, les Normands emmenèrent
« avec leur butin un certain nombre de captifs, qui
« furent établis au delà de la Bresle, à l'endroit où se
« trouve actuellement *Beaucamps.* »

En effet, à une date qui correspond à l'an 1032 ou 1033, date peu précise, qui ne doit cependant pas aller au delà, le duc Robert fit une expédition en Bretagne, pilla et saccagea la ville de Dol (3), et quitta la contrée avec un immense butin. C'est le seul et unique fait de cette guerre, et il serait à supposer fortement que les *Beaucampois* ne seraient autres qu'une partie de l'ancienne population de Dol, que les hasards de la guerre auraient transplantée au delà de la rivière de Bresle.

Écoutons à ce sujet deux historiens du xvii° siècle, qui ont composé, l'un, une *Histoire de Bretagne,* l'autre, une *Histoire de Normandie,* et qui se sont servis de vieilles chroniques (4) et de très anciens documents pour établir cet épisode :

(1) Le picard admet en général les pronoms *mi, ti, li.* C'est un reste de celte.
(2) Robert-le-Diable (1028-1035).
(3) *Dol* (Ille-et-Vilaine), arrondissement de Saint-Malo, chef-lieu de canton, 4,450 habitants, était autrefois siège d'un évêché.
(4) Entre autres de la chronique de *Jumièges.*

« Le dit Robert (Robert-le-Diable), assembla une
« grande armée, faisant courir le bruit de passer en
« Angleterre pour rétablir le roy Édouard, lequel les
« Anglois avoient chassé par l'aide de Kanut, roi de
« Dannemarch et relacha quinze jours à Grenezay (1),
« voulant déguiser son entreprise ; mais soudainement
« que son armée fut preste, il tourna bride et envoya le
« comte de Longueville avec nombre d'hômes piller et
« faire le dégat en Bretagne et de sa part se mist en
« mer avec la meilleure part des fiès pour venir abor-
« der à la coste. Cette nouvelle étonna bien fort le dit
« Alain (2). »

Le second historien, qui date de la même époque que le précédent, donne des détails un peu plus précis sur cette guerre :

« Alain, duc de Bretagne, ayant refusé de rendre
« hommage à Robert, les troupes du dit Robert fai-
« saient déjà des courses jusque dans la frontière de ce
« rebelle, quand, pour mieux asseurer sa fortune et sa
« retraite si le sort des armes lui estoit peu favorable,
« il fit batir, sur la rivière de Coisnon, le château de
« Carrouges (autres disent Pontorson). De là il tourna
« ses forces contre Dol qu'il prend et pille. L'évesque
« fut tué à l'entrée de l'église. Robert content de ce
« premier effet, revient chargé de butin et de gloire,
« laissant pour garder son fort nouveau Ansel et Awere
« Gigaut ou plutôt Néel de Saint-Sauveur, vicomte de
« Costentin. Le dit Alain, triste de cet affront, amasse

(1) Guernesey.
(2) Bertrand d'Argentre, édition de 1618.

« ce qu'il peut d'hommes, et suivant le duc, le chargea
« en quëue, mais la garnison de Carrouges sortit sur
« les Bretons avec telle ardeur que la plus grande
« partie demeura sur place, et les autres, prenant la
« fuite, firent bien juger à Alain, qui se sauva dans
« Rennes, qu'enfin il serait contraint de faire hommage
« et recognoistre le duc de Normandie son souve-
« rain (1).

§ II.

Comme nous venons de le voir, les Normands, en s'emparant de Dol, saccagèrent cette malheureuse cité et la réduisirent presque en cendres. Selon toute probabilité, une partie de la population, faite prisonnière, fut conduite en Normandie (1033), et ce fut cette même population qui, après bien des vicissitudes et des misères, réduite de moitié, fut impitoyablement jetée au delà de la rivière de Bresle (2).

---

(1) Gabriel du Moulin, curé de Maneval. Rouen, 1631.

(2) On doit ici se poser cette question : pourquoi Robert n'établit-il point ces Bretons en Normandie ? A cette époque existaient certainement dans cette province des terres incultes, des bois non défrichés. Robert aurait fait acte d'humanité en leur concédant dans son duché quelques parcelles de terrain.

C'est une chose odieuse, indigne de la part d'un prince que les auteurs ont surnommé le Magnifique, d'avoir traîné une population captive à travers toute une province. Ces malheureux, probablement repoussés par les uns et par les autres, furent définitivement jetés au-delà de la Bresle, à la grâce de Dieu. La pensée du duc Robert était peut-être celle que nous exprimons plus loin.

Voici quelle était la situation de cette contrée, au xie siècle.

Le plateau compris entre les vallées du Liger (1) et de la Bresle, appelé plus tard plateau de *Beaucamps*, était à cette époque entièrement couvert de bois. Jamais l'homme n'avait cherché à défricher cette forêt plusieurs fois séculaire, jadis sacrée, et séjour des dieux terribles de nos ancêtres les Gaulois.

Au moyen âge, elle était devenue un véritable repaire de brigands, et ceux qui l'habitaient avaient la vie et les mœurs des bêtes fauves. Ils passaient leur triste existence à commettre les forfaits les plus horribles ; ils dévalisaient les malheureux voyageurs égarés, et enlevaient leur bourse et leur vie. On appelait ces misérables les « *Coppegueules* », synonyme de coupe-gorges, et leur nom est resté attaché au petit village de Neuville. C'est ainsi qu'à travers les siècles, les générations ont injustement flétri du nom de *Coppegueules* les habitants de ce pays, comme s'ils étaient responsables des crimes atroces commis autrefois par des bandits qui occupaient presque entièrement le plateau.

En transplantant une population vaincue dans cette contrée, la pensée du duc Robert était sans doute d'opposer une barrière aux Coppegueules et d'arrêter leurs courses sur les deux rives de la Bresle.

(1) *Liger*. Cette rivière prend sa source à Guibermesnil, et passe à Brocourt, Liomer, Le Quesne, Saint-Aubin-Rivière, Le Mazis, Inval, Senarpont, où elle se perd dans la Bresle. Le petit village de Brocourt, traversé par le Liger, paraît avoir une origine très ancienne. L'étymologie de Brocourt est *Broga Cors*, d'un mot gaulois signifiant terre, champ, et d'un mot roman *Cors, Cort*. qui se traduit par ferme.

Il est probable que tout le sud du plateau de *Beaucamps* faisait alors partie de la Normandie, et que le bois du *Vaudier* (1) était déjà la propriété des comtes d'Eu.

La tradition nous apprend que sur l'emplacement actuel de *Beaucamps-le-Jeune*, quelques Normands s'étaient établis, vers l'an 1000, et que, sur la fin du xie siècle, ils avaient défriché une partie assez considérable de la forêt, près du chemin qui descend à Aumale.

C'est à mi-côte, sur le territoire actuel de Saint-Germain-sur-Bresle, que les premiers habitants de Beaucamps commencèrent le défrichement du bois. Ils percèrent cette trouée qui existe, bien plus large aujourd'hui, entre le bois Planté et la petite route qui mène à Neuville-Coppegueule. Peu à peu, ils s'étendirent à l'est et au nord, et parvinrent ainsi à se constituer un territoire assez étendu, un beau champ, et pour nous servir du patois du pays, un *bieu camp*; c'est probablement là qu'il faut chercher l'étymologie du mot *Beaucamps*.

Le défrichement dura plusieurs années, et l'on ne peut guère fixer que sur la fin du xie siècle l'établissement

---

(1) Comme appartenant aux comtes d'Eu, le bois du *Vaudier* relevait de la Normandie; on a peut-être déduit de là que *Beaucamps* dépendait aussi de cette province.

Le comté d'Eu existait avant l'an 1000, et l'on considère Guillaume, fils naturel de Richard Ier, duc de Normandie, comme son premier possesseur. Ce Guillaume mourut en 1022. De son mariage avec Lesceline, dame d'Auge, morte en 1050, il eut un fils, Robert, qui mourut en 1090.

définitif des premiers habitants de *Beaucamps* (1).

L'endroit qu'ils choisirent pour fonder leur village était suffisant, à cette époque, pour se défendre contre les agressions des Coppegueules ou de tout autre ennemi. Entouré de chaque côté par les bois, une palissade seulement devenait nécessaire pour les mettre à l'abri de toute incursion et leur permettre de vivre dans une tranquillité et une sécurité parfaites.

Le village devait comprendre tout cet espace appelé aujourd'hui la *Ville,* et avait probablement pour limites les sentiers que l'on désigne sous le nom de *Rollettes*, sans excepter la *Rollette* qui aboutit au puits, près de l'église.

§ III.

A l'époque de sa fondation, le village pouvait avoir une population variant entre 150 et 200 habitants ; c'était un noyau suffisant pour constituer, dans l'avenir, un pays important.

On ne sait pourquoi, vers le commencement du xiie siècle, une partie de la population se sépara, et s'établit à l'endroit où se trouve aujourd'hui *Beaucamps-le-Jeune*. Nous chercherons néanmoins à donner une explication de ce fait. La terre provenant du défri-

---

(1) Le bois où s'établirent les premiers Beaucampois devait appartenir, dès l'origine, à la terre du Quesne. Ce qui nous permet d'établir cette supposition, c'est que le seigneur de *Beaucamps* se reconnaissait vassal, c'est à dire tenait sa terre du Quesne, que même il payait certaines redevances à son suzerain.

chement de la forêt, et fruit d'un long et constant travail, fut sans doute, dès l'origine, divisée en lots. Ce n'était que justice, puisque tous avaient contribué, selon leurs forces, à la constitution d'un même bien. Ceux à qui le lot, trop éloigné, donnait un surcroît de peines pour le cultiver, eurent plus d'avantages à s'établir à proximité de leur propriété, et ce fut probablement cette raison qui détacha du village une cinquantaine d'habitants, au plus, qui s'unirent à quelques Normands déjà installés pour y travailler le bois, et fondèrent *Beaucamps-le-Jeune*.

Le deux *Beaucamps* ne formaient à l'origine qu'une seule et même terre, qui dépendait du seigneur de *Beaucamps-le-Vieux*. Cet état de choses dura bien deux siècles, puisque nous voyons, en 1293, *Guillaume de Beaucamps-le-Vieux* donner à Jean de Ponthieu, comte d'Aumale, le droit de présenter à la cure de Beaucamps-le-Jeune (1).

On ne sait pourquoi la terre de *Beaucamps-le-Jeune* devint plus tard un fief vassal du comté d'Aumale. Selon toute apparence, un seigneur de *Beaucamps* (2), dont on ignore le nom, vendit ses droits de suzeraineté à un comte d'Aumale.

Plusieurs font venir le mot *Beaucamps* de camp, campement. « Avant de s'établir définitivement, disent-ils, « les premiers habitants de ce pays construisirent, au

___

(1) Mémoire pour Louis Godefroy, marquis d'Estrades, seigneur de Beaucamps-le-Jeune, contre Louis-Auguste de Bourbon, duc du Maine et d'Aumale.

(2) De Beaucamps-le-Vieux.

« fur et à mesure du défrichement de la forêt, et sur
« divers points, des campements ou camps; quand ils
« se rassemblèrent, ils ne formèrent plus qu'un camp,
« qu'ils appelèrent, à cause de son étendue, le « bieu
« camp », d'où est venu *Beaucamps*. »

Nous avons donné plus haut une étymologie de Beaucamps; nous la croyons plus vraisemblable que celle-ci. L'abbé Corblet, qui a écrit un opuscule sur les noms de lieux de Picardie (1), fait venir *Beaucamps* de *campus* (2), d'où est venu campagne. *Campus* est toujours employé en latin dans le sens de pays plat et découvert; il s'applique donc parfaitement à *Beaucamps*, qui est situé, comme on le sait, dans une magnifique plaine. Dans différents actes, *Beaucamps* se trouve écrit *Bellus Campus* (1238), — *Beaucent* (1427), — *Beaucamps-le-Vielz* (1650), *Beaucamps-le-Viel* (xviiie siècle), *Boucan-le-Vieil*, ainsi désigné dans l'*État de la France*, du comte de Boulainvilliers. Il y a même certains ouvrages des siècles précédents qui écrivent *Buscamps-Vieil*.

Ce nom de pays se prononce en patois : *Bieucamp-Viu*. Pour éviter la confusion, on appela le plus ancien *Beaucamps* : *Beaucamps-le-Vieux* ; l'autre fut nommé *Beaucamps-le-Jeune*.

§ IV.

Beaucamps, au commencement du xiie siècle, avait une étendue peu considérable. Toute cette partie de la

---

(1) *Hypothèses étymologiques sur les noms de lieux de Picardie*, par l'abbé Corblet, 1851.
(2) *Champ* fait en picard *camp*.

Beuville actuelle était encore couverte de bois, et on procéda plus tard à un nouveau défrichement pour construire ce quartier et édifier le château. Selon toute apparence, il y avait longtemps que *Beaucamps* avait son seigneur. Le plus ancien que nous voyons apparaître dans les documents est *Alexandre de Beaucamps,* qui s'intitule chevalier, et figure comme témoin dans un acte de vente fait par Hugues Haterel à la léproserie du Quesne (1), 1246.

Alexandre laissa plusieurs enfants, entre autres *Anselme, Ancelin* et *Jean. Ancelin* mourut de la lèpre, dans la maladrerie du Quesne, et y fut enterré.

Anselme, du consentement de Jean et de son suzerain, Gauthier du Quesne, fit, en février 1235, à cette même maladrerie du Quesne, en mémoire de son frère lépreux et pour le repos de son âme, une donation de dix journaux de terre sis à *Beaucamps*.

A sa mort, la terre de *Beaucamps* passa à son fils aîné *Étienne*, mentionné à la date de 1270 dans le cartulaire de Selincourt. Il fut le père de *Guillaume*, déjà

---

(1) La léproserie du Quesne fut fondée au commencement du xiie siècle. En 1182, le pape Luce III rendit une bulle en faveur de cette maladrerie. Il confirma différentes donations et accorda quelques privilèges aux lépreux. Cette bulle commence ainsi : « *Luce*, évêque, serviteur des serviteurs de Dieu, à ses bien-aimés fils les lépreux présents et à venir, vivant de la vie commune dans la maison de Sainte-Marie-Madeleine du Quesne, à perpétuité. » Vient ensuite l'énumération de différentes donations.

Cette bulle, très curieuse, fut donnée à Velletrie, par « la main « d'Albert, prêtre, cardinal et chancelier de la sainte Église « romaine, le 16 des calendes de décembre (16 novembre), sous « la première indiction, l'an de l'incarnation de Notre-Seigneur « 1182, et du pontificat du pape Luce III, le second. »

cité, et l'aïeul d'un *Jean de Beaucamps* que nous trouvons dans un acte de 1379, où il avoue tenir sa terre de la seigneurie du Quesne (1). Son frère Simon, qui lui succéda probablement, possédait la même année le fief de Berteauville, situé au Quesne (2).

Les armes des premiers seigneurs de *Beaucamps* étaient : *d'argent à la bande de sable frettée d'or.*

L'absence de documents ne nous permet pas de continuer la liste des seigneurs de cette famille.

Elle s'éteignit sans postérité, vers 1423, époque où nous voyons passer, par achat, le fief de *Beaucamps* dans la maison des Belliart.

Dans l'espace de ces deux siècles, plusieurs faits assez importants sont à signaler.

D'abord, la construction du château, édifié au commencement du xiii° siècle, est, selon toute probabilité, œuvre d'*Alexandre de Beaucamps.*

Ce fut sur la gauche du chemin actuel qui conduit de *Beaucamps* à Liomer, aux lieux encore dénommés de nos jours pâtis Jeannot et Féraux, que l'on éleva cette forteresse.

Avec quelques recherches, nous avons pu déterminer exactement l'endroit qu'elle occupait. Les restes de fondations que l'on rencontre d'une façon suivie, presque à fleur de terre, ne laissent aucun doute sur son emplacement. La tradition est muette à ce sujet ; et cependant, ainsi que nous pourrons le constater plus loin, de sérieux documents prouvent l'existence d'un château

(1) Comptes de Ponthieu.
(2) Au Quesne, le fief Lesueurs mouvait du fief de Berteauville en 1379.

fort, qui fut même assiégé en 1427 par les Anglais.

Quelques-uns placent l'ancien château de *Beaucamps* un peu plus au nord, près de la vallée du Liger, en face les ruines d'Arguel. C'est là une erreur d'autant plus grande que cette partie qui regarde le château d'Arguel était autrefois propriété de la seigneurie du Quesne.

Au siècle dernier, le quartier du *Bois-de-Rambures* était un bois, et il ne fut défriché qu'en 1735, par un marquis de Rambures qui construisit une route allant du Quesne à *Beaucamps-le-Vieux* (1).

Aucune position n'était plus convenable pour la construction d'un château que ce repli de terrain formé par ce sentier profond appelé : l'Avalache ; c'était, de ce côté, une défense naturelle ajoutée à la double enceinte de murailles qui protégeait la forteresse.

Ainsi qu'il est permis de le constater encore de nos jours, il est facile de reconstituer, à l'aide des élévations de terre que l'on rencontre dans les pâtis Jeannot et Feraux (élévations d'une régularité parfaite, et, sans aucun doute ouvrage de la main des hommes), quelles étaient la forme et les dimensions de ce château. C'était une construction rectangulaire, terminée à chacun de ses angles par une tour. Les murs, assez épais, étaient faits de cailloux taillés (2), reliés entre eux par un ciment qui devenait aussi dur que la pierre.

(1) La tradition place un château dans le Bois de Rambures ; selon nous, ce n'était qu'un pied-à-terre que les marquis de Rambures construisirent quelques années après le défrichement du bois.
(2) On peut encore voir, à Arguel, un pan de mur fait également en cailloux taillés, et d'une solidité à toute épreuve.

Du côté de la *Beuville* existait un fossé profond qui venait rejoindre, au nord et au sud, l'Avalache (1). Ce fossé, qui contribuait à la défense, enserrait les murs du château et en rendait l'accès difficile. Une porte, située au midi, s'ouvrait en face de la *Ville ;* une autre, placée à l'est, conduisait à un chemin (2) qui aboutissait au bois.

De nos jours, il ne reste plus aucune trace de ce manoir du moyen âge ; les murs en ont été rasés, et c'est à peine s'il est possible de reconnaître aujourd'hui l'emplacement d'une demeure seigneuriale.

Maintenant, l'herbe pousse là où jadis habitait le maître du pays :

Sic transit gloria mundi !

---

(1) Une pente naturelle permettait aux eaux du village de s'écouler vers l'Avalache, et il est probable qu'à certaines époques de l'année les fossés du château étaient entièrement remplis d'eau.

(2) Il est encore possible de retrouver aujourd'hui les traces de ce chemin.

V.

La Guerre de Cent-Ans.

Pendant près d'un siècle, toute cette partie de la Picardie comprise entre la Bresle et la Somme fut continuellement en lutte avec les Anglais, les Bourguignons et les Français.

La guerre de Cent-Ans fut pour le Ponthieu (1) une époque de calamités et de malheurs. Nous n'avons qu'à consulter les chroniques de cette époque, et nous voyons que toutes sont unanimes à déplorer les « grands maux qui arrivèrent en ce pays ».

Quand éclata cette terrible rivalité entre la France et l'Angleterre, le Ponthieu fut envahi dès le début des

---

(1) *Ponthieu*. Ce pays fut ainsi appelé à cause de la multitude de ponts que l'on y voyait autrefois. Ponts sur l'ieu (sur l'eau), d'où est venu Ponthieu. On raconte qu'un roi des Belges faisant campagne en ce pays, et ne voyant que « ruisseaux, rivières et « forêts, fit couper de gros arbres de moyenne grandeur, qu'il fit « mettre de travers pour faciliter son passage, de sorte qu'on « vit en peu de temps une grande quantité de ponts ; et comme « ce pays n'avait encore aucun nom, n'étant habité d'aucun, « ceux qui traversaient ce pays disaient qu'ils allaient *ad* « *pontes, ad terra Pontium*. » *(Histoire des Maieurs d'Abbeville*, par F. I. D. I. M. C. D. 1657.

Le comté de Ponthieu passa en 1279 dans la maison d'Angleterre, à la suite du mariage d'Éléonore de Ponthieu avec Édouard Ier. En 1336, Philippe de Valois saisit le comté, et son fils, Jean II, le donna à Jacques de Bourbon. Il fut compris dans le traité de Brétigny (1360).

hostilités. Édouard III, en l'année 1346, brûla tout le pays compris entre Granvillers et Poix, et il est probable que *Beaucamps* fut pillé vers le même temps.

Une année plus tard, en 1347, la vallée du Liger fut ravagée par des bandes anglaises, qui s'emparèrent du château d'Arguel après un siège de courte durée. En 1402, cette forteresse fut reprise par les Français, qui passèrent au fil de l'épée la garnison entière et massacrèrent la population, à l'exception de vingt personnes, qui parvinrent à s'échapper.

Les vainqueurs rasèrent le château, que l'on ne songea plus à reconstruire.

Treize ans plus tard, une nouvelle invasion anglaise dévasta encore ce malheureux pays. Le roi d'Angleterre étant parti de Fauville-en-Caux, nous dit la chronique de Monstrelet, « fut adverti par ses coureurs que « l'ennemi (les Français) cherchaient à lui barrer la « route vers la Somme, reprint son chemin tirant vers « Airaines ardant et embrasant plusieurs villages, et « emmenant grandes proies (1415) (1) ».

A partir de cette époque, la vallée du Liger fut continuellement inquiétée par des partisans anglais et bourguignons, qui firent de nombreuses courses dans le pays, principalement en 1419, année qui les vit détruire et

---

(1) Comme, en général, les chroniques de cette époque omettent les noms des localités qui furent brûlées et saccagées par les Anglais, et qu'elles désignent souvent toute une contrée, nous avons cru nécessaire de citer les différents passages qui mentionnent des faits se passant principalement dans cette partie du Ponthieu où se trouve *Beaucamps*.

Il est certain que ce village dut excessivement souffrir de l'invasion anglaise.

brûler quelques villages entre Gamaches et Poix. En 1422, ils firent le siège d'Airaines ; l'année suivante, ils s'emparèrent du château de Rambures, que les Français reprirent en 1431.

Firmin Belliart était seigneur de *Beaucamps,* et du « party du roy » quand les Anglais, commandés par Raoul Le Bouteiller (1), vinrent assiéger son château en 1427.

Ce château, que nous avons décrit plus haut, soutint pendant deux jours les assauts de l'ennemi. La principale attaque eut lieu, selon toute probabilité, du côté de la *Beuville,* et il est certain que la forteresse serait tombée entre les mains des Anglais, si les gens de *Beaucamps* n'avaient été promptement secourus par ceux d'Aumale.

Écoutons, à ce sujet, la *Chronique normande* de P. Cochon, publiée en 1863 par Vallet de Viriville :

« En cel an (1427) et en dit mois d'aoust se mistrent
« en moustier (2) de Blangy une manière d'estrangies,
« Lombards et autres de la compaignie des dits Fran-
« chois, lesquieulx faisoient plus de mal que ceux
« d'Aubmalle et trestoient les prisonniers inhumaine-
« ment, dont c'estoit pitié, tant que les nouveles comme
« l'on disoit en allèrent au dit Charles roy de France,

---

(1) *Raoul Le Bouteiller,* qui assista, en 1422, au siège d'Airaines, fut licencié avec sa compagnie, après la prise de cette ville. Accompagné de plusieurs autres capitaines, il fit de nombreuses courses dans le pays, et ce fut à la suite d'une de ces courses qu'il vint assiéger le château de *Beaucamps.* Ce Le Bouteillier reçut du roi d'Angleterre de grands biens, entre autres la terre et château de La Roche-Guyon.

(2) Monastère.

« qui lors etoit vers Leigny-sur-Marne (Lagny-sur-
« Marne). Si leur fit mandement, et ainsi lessièrent la
« place qui fust un grant bien, et en ce temps se mis-
« trent les dits Franchois dedens ung chastel nommé
« Beaucent *(Beaucamps)* et la furent assiégés des
« Anglois, desquieulx etoit capitaine ung nommé mes-
« sire Raoul Leboutellier, à qui appartenoit le dit chastel
« pour lors (1).

« N'y furent les dits Anglois que deux jours comme
« ceux d'Aubmalle les vindrent assaillir et firent lever
« ledit siège hativement. Et si ne s'en fussent allez
« sitôt, je doubte qu'il ne leur eusse esté de pis. Mès
« ce nonobstant les dits Franchois lessièrent ledit
« chastel par appointement fait entre le dit Bouteiller et
« ung chevalier de la compaignie des dits Franchois
« qui disoit la terre et chastel lui appartenir, et se fut
« fait pour éviter apperdicion de païs ».

Malgré ce siège, le château de *Beaucamps,* ainsi que nous le montre la *Chronique normande,* ne subit pas grands dommages. La tradition rapporte cependant qu'il fut détruit plus tard de fond en comble.

L'absence de documents à ce sujet laisse le champ libre à toutes les suppositions ; cependant, nous ne croyons pas nous écarter de la vérité, lorsque nous plaçons en 1432 (2) la ruine de cette forteresse.

---

(1) Cette dernière phrase nous apprend que ce château avait déjà été pris par les Anglais et repris par les Français, qui l'occupaient alors, en 1427, quand Raoul Le Bouteiller vint en faire le siège. Ne pouvant établir une date, nous avons donc bien fait de citer les chroniques.

(2) Cette fois, le château fut assiégé par les Français.

Il y avait une année que Jeanne d'Arc, cette noble figure, une des plus pures de nos gloires militaires, venait d'être brûlée, et, depuis cette époque, les Français reprenaient partout l'avantage. De 1431 à 1434, ils chassèrent à peu près les Anglais du Ponthieu.

Nous basons notre opinion sur un passage de la chronique de Monstrelet (1) :

« Blanchefort qui se tenoit au chastel de Breteuil
« tenant le party du roy Charles de France fist moult
« dommages au pays de Santers, Amienois, Vimeu et
« aultres lieux par feu, pillages et par espées. Parquoy
« yceulx païs furent pour la plus grande partie tous
« perdus et inhabitez, si non auprès des bonnes villes
« et forteresses. Et n'en povaient plus souffrir et payer
« les grans tribus qu'ils avoient coutume de donner
« pour leur part. Et d'aultre côté furent reparez par
« ceulx de ce mesme party aulcune forteresse au pays
« de Vimeu assavoir Airaines, Hornoy et ..... esquelles
« se boutèrent plusieurs gens de guerre dont le pays
« fut moult oppressé et pareillement de ceulx qui
« tenoient le party du roy Henry et du duc de Bour-
« gogne. »

Presque toutes les chroniques de cette époque font mention de ces faits, et sont unanimes à rappeler les « dégats et apperdicions de païs » qui eurent lieu en cette année (2).

---

(1) *Monstrelet* a beaucoup écrit sur la guerre de Cent-Ans. Il rapporte principalement les faits qui se sont passés en Picardie.

(2) On ne peut se faire une idée des maux que supportèrent nos ancêtres au xve siècle. La misère était générale. En 1434, le Ponthieu et l'Amiénois furent écrasés de tailles pour payer la

Le château de *Beaucamps,* qui, comme nous l'avons vu, fut laissé aux Anglais pour éviter d'autres malheurs, dut soutenir un siège plus terrible que le précédent. Les Français, en s'en emparant, le rasèrent complétement et n'y laissèrent que des ruines qui disparurent peu à peu.

« composicion dernièrement faicte pour la ville de Ham au connestable de France ». Trois ans plus tard, une peste terrible, accompagnée de famine, sévit sur toute la contrée. L'histoire raconte qu'une femme des environs d'Abbeville hacha et sala plusieurs enfants. Elle fut découverte et brûlée, 1437.

VI.

Les Belliard.

Firmin Belliard, qui acheta en 1423 la terre de *Beaucamps*, était bourgeois et échevin d'Abbeville en 1427. De son mariage avec Maroie de Longueville, il eut un fils, du nom de Jean, qui devint à la mort de son père seigneur de *Beaucamps*, et plus tard échevin d'Abbeville. Firmin Belliard était « commis à la vicomté du pont aux poissons demeurant à la grosse tête ».

Dans une déclaration faite devant le maieur et les échevins d'Abbeville, il atteste qu'il a vécu avec sa femme « noblement et comme nobles, même qu'il avait été à la guerre dans le ban et l'arrière-ban ».

Jean Belliard, son héritier, épousa Anne Le Maire, bourgeoise d'Amiens, et eut de ce mariage une fille, Anne, qui s'allia à Henri Cornu, et lui apporta en dot la seigneurie de *Beaucamps*.

Les armes des Belliard étaient : *d'or à 3 croix pleines de sable 2 et 1*.

VII

Les Cornu.

La famille des Cornu, qui posséda la terre de *Beaucamps* pendant près de deux siècles et demi, a une origine très ancienne (1). Selon toute apparence, un fief situé à Laboissière, et encore dénommé de nos jours le fond Cornu, a dû appartenir dès le commencement du xie siècle à cette famille. Un Jean Cornu prit part à la première Croisade (2), et plusieurs Cornu furent inhumés dans l'église de *Beaucamps,* entre autres un Bricard Cornu qui mourut vers 1218.

Un édit du roi Charles VI, en date du 30 août 1416, fait mention de plusieurs seigneurs et d'un Cornu, chevalier de Saint-Jean de Jérusalem, qui, avec quelques nobles des environs de *Beaucamps,* « occient, noient et
« mettent à mort de jour en jour les povres simples
« gens laboureurs, marchans, bourgeois et autres nos
« subjetzs ». Cet édit cite des noms, parmi lesquels :
Hector de Saveuse (3), Philippe, son frère, Hélion de

---

(1) Un *Engerran Cornu* est mentionné, en septembre 1258, dans une donation faite par Jean de Preaux, seigneur de Raineval, à l'abbaye de Briostel.

Un *Étienne Cornu* paraît dans une revue d'une compagnie de cent hommes du régiment de Picardie, 20 juin 1597. (DE BEAUVILLÉ, *Documents inédits.*)

(2) *Histoire de Normandie*, par Gabriel DU MOULIN.

(3) Cet Hector de Saveuse attaqua, vers 1414, la petite ville de Blangy.

Jacqueville, Pierre de Sores, Maulroy de Saint-Léger, son fils, Jacques de Fosseux, Jean de Poix, David de Poix, son frère, Camuset de Ligny, Catulinas, Cornu (1), de l'ordre de « l'Ospital Saint-Jehan de Jherusalem ».

« Comme nous ne pouvons entendre à bouter hors
« iceulx, de nostre dit royaume, nous, iceulx dessus
« nommez avecques tous leurs alliez, complices et adhé-
« rens qui sont et seront trouvés avecques eulx et en
« leur compaignie, avec tous leurs biens quelz conques,
« quelzs qu'ils soient et la ou on les pourra trouver et
« savoir, avons abandonné et par ces présentes aban-
« donnons et donnons licence et auctorité à nos vrais
« subjectzs et obediens de quelque estat ou condicion
« qu'ilzs soient, de iceulx envayr, par voie de fait, de
« prendre, saisir et de arrester tant par armes que sans
« armes avec tous leurs biens et de les occire s'ilzs se
« défendent sans que pour ceste cause ils soient prinz ou
« emprisonnez ou aultrement arrestez ni mis en procès
« ordinaire ni hors ordinaire par quelz conques justi-
« ciers ou officiers de nostre dit royaume et sans ce
« qu'il leur soit necessité de sur ce avoir grâce ou re-
« mission aulcune..... »

L'édit se termine ainsi : « Si donnons en mandement
« au bailli d'Amyens ou à son lieutenant qu'il fasse

---

(1) Certaines éditions écrivent *Cornuart*, et le plus souvent *Cornu*. Il y a tout lieu de croire que ce Cornu est de la même famille que ceux qui furent dans la suite seigneurs de Beaucamps; d'autant plus qu'il était chevalier de Saint-Jean de Jérusalem. Nous verrons plus loin que, dans une maintenue de noblesse, François Cornu affirme qu'il y avait toujours eu dans sa famille des chevaliers de cet ordre.

« ouir solennellement deux ou trois fois chaque sep-
« maine, hault au son de la trompête et publier en
« toutes les bonnes villes et ressors d'icelles en souf-
« frant tous nos subjetzs et obeissans envers les dessus-
« dizs par voie de fait, prendre, saisir et arrestez avec-
« ques tous leurs biens et ce besoing est, de les occire,
« sans pour ce faire, destourbier ou empeschement en
« corps ou en biens. Au contraire se aucun destourbier
« ou empeschement estoit fait pour ceste cause en leur
« personne ou en leurs biens, qu'ilzs les fassent mectre
« à plaine délivrance et que ès choses dessus dictes,
« leurs circonstances et dependances d'icelles, ils
« entendent diligemment et tellement que par leur
« negligence aucun inconvenient ne s'en puisse en-
suivre. »

Henri **Cornu,** écuyer et seigneur d'Embreville, devint possesseur de la terre de *Beaucamps* par son mariage avec Anne Belliard. Il était en 1493 maïeur d'Abbeville, et ce fut en cette qualité qu'il reçut, le 19 juin
1493, le roi Charles VIII faisant son entrée dans Abbeville. L'histoire des comtes de Ponthieu nous dit qu'il
« exerça dignement cette charge, et qu'on le nomma
échevin l'année suivante (1494) ».

De son mariage avec Anne Belliard il eut plusieurs
enfants, qui furent :

Antoine, qui suit ; Anne, qui épousa Antoine des
Groseillers (1), écuyer.

Anne Belliard étant venue à mourir, Henri Cornu

---

(1) *Antoine des Groseillers* fut échevin d'Abbeville dans les
années 1506, 1507, 1509, 1511.

épousa, en secondes noces, Marie de Calonne, fille de Raoul et de Marie Le Roy de Dargnies.

De cette union naquirent : Marguerite, alliée à Jacques Le Brois, écuyer, maïeur d'Abbeville en 1500 et 1502 ; Madeleine, qui devint la femme de Jean de la Fresnoye, écuyer ; Anne, qui épousa en premières noces Jean de Maisons, écuyer, et en secondes noces Jean Lenglacé.

Antoine **Cornu**, écuyer et seigneur de *Beaucamps,* Embreville (1), devint auditeur à Abbeville en 1484, greffier de cette ville en 1489, procureur fiscal en 1505, et enfin procureur général. Il prit, en 1517, des lettres de relief de noblesse.

De son mariage avec Marguerite de Tilques (2), fille du seigneur de Tilques et de Marie de Calonne, il eut plusieurs enfants qui furent : Charles, qui suit ; Marie-Antoinette, mariée à Jean de Forceville.

Charles **Cornu**, écuyer, seigneur de *Beaucamps,* Embreville et Behen (3) « alevau » (patissier), en 1524, maïeur d'Abbeville en 1526 et en 1534, échevin en 1527, 28, 29, 30, 35, 36.

Par contrat de mariage du 30 août 1519, il épousa Jeanne Carue (4), dame de Behen. Il comparut, en 1535, à l'arrière-ban, pour ses fiefs.

---

(1) *Embreville*, arrondissement d'Abbeville, canton de Gamaches.
(2) *Tilques*, en Artois.
(3) *Behen*, arrondissement d'Abbeville, canton de Moyenville.
(4) *Carue.* Les armes de cette famille étaient : *d'argent au sautoir de gueules accompagné de quatre hures de sangliers arrachées de sable.*

De son mariage, il eut dix-sept enfants, dont l'aîné, Jean Cornu, lui succéda comme seigneur de *Beaucamps*, Embreville, Behen, et acquit la terre de Belloy.

Jean **Cornu**, maïeur d'Abbeville en 1552, mourut durant l'année de sa mairie, et fut enterré dans le chœur de l'église collégiale de Saint-Wulfran (1). « Ses obsèques furent faites aux dépens de l'hôtel de ville, selon la coutume (2). »

De son mariage avec Anne de Nouvillers, dame de Houden, fille de Nicolas et de Marguerite de Toeuffles (3), il eut : François, qui suit ; Isabeau, mariée à Nicolas de Calonne, écuyer, seigneur de Cocquerel (4).

François **Cornu**, écuyer, seigneur de *Beaucamps-le-Vieux*, Belloy-sur-Mer (5), Mérelessart (6), vicomte de Caubert en 1575, obtint, le 24 novembre 1598, maintenue de noblesse, se fondant sur ce « qu'ils avaient toujours pris qualité depuis 1437, et que dans l'église de Beaucamps, seigneurie de tout temps dans leur famille, on voyait le tombeau de Bricard Cornu, chevalier, mort en 1218 ; qu'il y avait toujours eu des chevaliers de Saint-Jean de Jérusalem dans leur famille ».

François Cornu mourut en 1611. De son union avec

---

(1) Abbeville.
(2) *Histoire des maïeurs d'Abbeville*.
(3) *Toeuffles*, arrondissement d'Abbeville, canton de Moyenville.
(4) *Cocquerel*, arrondissement d'Abbeville, canton d'Ailly-le-Haut-Clocher.
(5) *Belloy-sur-Mer*, arrondissement d'Amiens, canton de Picquigny.
(6) *Mérelessart*, arrondissement d'Abbeville, canton de Hallencourt. Bas-reliefs remarquables dans l'église. Restes de vitraux assez intéressants.

Anne de Lausseray, qu'il épousa en 1560, naquirent : Oudard, qui suit ; Lamorale, écuyer, seigneur de Belloy-sur-Mer ; Françoise, mariée en premières noces à Jean de Calonne, et en secondes noces, à Léonor de May ; Jeanne, qui épousa André de Blottefière, écuyer, seigneur de La Haye.

Oudard **Cornu,** chevalier, seigneur de *Beaucamps,* Hallencourt (1), lieutenant de mestre de camp au régiment de Picardie et lieutenant de la compagnie d'hommes d'armes de M. de Biron, épousa, par contrat de mariage du 24 juillet 1606, Marie de Saint-Blimond (2), fille de François (3), seigneur de Ponthoile (4). Il eut de cette union François et Jean, qui suivent.

François **Cornu,** chevalier, naquit le 5 avril 1629 à *Beaucamps,* fut probablement appelé pour cette raison « le marquis de *Beaucamps* », seigneur du fief de Saint-Blimond, au Quesne, qu'il acheta à Jean Trudaine, trésorier de France à Amiens en 1659, et seigneur de Dreuil.

Par contrat en date du 10 mars 1655, il épousa Élisabeth Le Ver (5), fille du seigneur de Busmenard, et en eut plusieurs enfants qui moururent de son vivant.

Élisabeth Le Ver, devenue veuve, fit don, par testament du 27 mai 1696, du fief de Saint-Blimond à son

---

(1) *Hallencourt,* arrondissement d'Abbeville, 1,990 habitants.

(2) Archives départementales.

(3) *Saint-Blimond.* Les armes de cette famille étaient : *d'or au sautoir dentelé de sable.*

(4) *Ponthoile,* arrondissement d'Abbeville, canton de Nouvion.

(5) *Le Ver.* Les armes des Le Ver étaient : *d'argent à 3 sangliers de sable 2 et 1, semé de trèfles.*

neveu, Jean-Philippe Le Ver, seigneur de Chantraines. Ce dernier vendit le 19 février 1712, à François Forteguerre et à sa femme, Marie Deray, les droits de chasse et de banalité dans l'étendue de la seigneurie de Rambures, assise à *Beaucamps-le-Vieux,* « et qui ont été aliénés ou baillés à cens aux auteurs du seigneur de Chantraines, par Charles de Rambures, par contrat passé en 1613 ».

Ces droits de chasse et de banalité furent vendus moyennant la somme de « 500 livres, et 50 sols de cens par an, payables au jour de la Saint-Remy ».

Jean **Cornu,** qui hérita des biens de son frère François, était chevalier et seigneur d'Agicourt, Fontaine-le-Sec (1). De son mariage avec Marguerite de Monchy de Vismes (2), il n'eut aucun enfant, et mourut le 5 mars 1705, à Abbeville. Ses restes furent inhumés dans le chœur de l'église Saint-Éloi d'Abbeville.

Il fut le dernier seigneur de la famille des Cornu qui posséda la terre de *Beaucamps.*

Armes : *de gueules à l'orle d'argent.*

La tradition rapporte que les Cornu possédaient un château à Beaucamps, et que ce château occupait un emplacement assez considérable, dans la partie de la rue Minette située en face de la mare actuelle.

---

(1) *Fontaine-le-Sec,* arrondissement d'Amiens, canton d'Oisemont.
(2) *Vismes,* arrondissement d'Abbeville, canton de Gamaches. La seigneurie appartint à la famille des Cayeux. Jean II de Cayeux contesta à Julien des Essarts la terre de Senarpont. La seigneurie de Vismes passa dans la suite aux de Monchy.

VIII.

Les de Monchy.

A la mort de Jean Cornu (1705), la terre de *Beaucamps* tomba entre les mains de sa femme, Marguerite de Monchy, qui transféra cette seigneurie dans sa famille, par vente ou par testament.

Les de Monchy donnèrent à *Beaucamps* deux seigneurs, qui furent :

Georges **de Monchy**, chevalier, seigneur de Talmas et de *Beaucamps-le-Vieux*, capitaine des gardes du duc d'Elbeuf, l'un des vingt-deux enfants de Charles (1), baron de Vismes, et de Marie du Caurel.

Il épousa en premières noces Marie-Louise de Ghistelles, avec laquelle il fit hommage, le 29 janvier 1665, au duc de Chaulnes, baron de Picquigny (2), à cause de la seigneurie de Talmas, sise au bailliage d'Amiens, qu'ils avaient acquise le 14 juin 1664 de Dominique d'Étampes, marquis de Fiennes, et de Marguerite-Thérèse de Montmorency, sa femme.

---

(1) *Charles de Monchy* légua sa terre de Vismes à son fils François, qui rendit hommage au roi en 1680 pour cette seigneurie.

(2) La terre de *Picquigny* passa dans la maison de Chaulnes, par le mariage de Charlotte-Claire-Eugénie d'Ailly avec Albert de Luynes, frère du connétable.

En 1674, l'époux de Charlotte, criblé de dettes, vendit la terre de Picquigny au comte d'Artois.

Par contrat du 12 mars 1673, il épousa en secondes noces Marguerite de Saint-Lo, fille de Jean, seigneur de l'Épinay, capitaine des portes de la ville de Calais, et de Jeanne Modet.

Georges de Monchy eut de son premier mariage plusieurs enfants, qui furent :

Georges, capitaine au régiment de Robecq, tué en 1693, à La Marsaille; Louise-Marie, qui épousa N... de Thubeauville, seigneur de la Rivière, Monteville, etc. ; Marie-Élisabeth, qui, en 1710, succéda à sa tante Jeanne de Monchy comme abbesse de Berteaucourt-les-Dames. Elle mourut en 1719.

Du second lit naquirent : Armand-Georges, qui suit; Henri, grand écuyer du duc de Lorraine ; Henri ..... de Monchy, vicaire général d'Ypres ; André-Théodore, et Marguerite-Anne, morte célibataire.

Armand-Georges **de Monchy,** appelé le comte de Monchy, seigneur de Talmas, *Beaucamps-le-Vieux*, mourut en 1723, et laissa de son mariage avec Thérèse de Widebien, dame d'Ignaucourt, quatre filles, qui furent : Henriette, qui épousa Joachim-Hippolyte-Alexandre de Fleschin, marquis de Warmin ; Marie-Élisabeth-Maximilienne ; Élisabeth-Thérèse ; Thérèse-Hubertine-Armande-Marguerite de Monchy.

Les armes de la famille de Monchy étaient : *de gueules à trois maillets d'or.*

IX.

Les derniers Seigneurs de Beaucamps.

Alexandre de Fleschin devint seul héritier de la terre de *Beaucamps* à la mort de son beau-père, Armand-Georges de Monchy. Il vendit cette seigneurie à un de ses parents, Charles II d'Arnaud, petit-fils de Jean d'Arnaud et d'Antoinette de Fleschin, et fils de Charles Ier d'Arnaud, sieur de Rétonval, né en 1675, et marié, par contrat du 8 février 1709, à Marie-Catherine de Calonne, fille unique d'Antoine de Calonne, écuyer, seigneur des Essarts.

Charles II *d'Arnaud,* seigneur de Seronville, de Cayeux, de Frettemeule, de *Beaucamps-le-Vieux*, vicomte de Beauvoir, conseiller du roi, président en l'élection de Ponthieu, produisit des titres de noblesse devant M. de Chauvelin, intendant de Picardie, qui, par une ordonnance du 16 juin 1734, le déchargea de l'impôt de l'ustensile, et, par une autre du 29 novembre 1736, l'employa dans le rôle de la capitation de la noblesse.

De son mariage avec Louise-Marguerite de la Gorgue, fille de Jacques, écuyer, seigneur de Rétonval, et de Marguerite d'Inger, dame de Beauvoir, il eut trois filles dont l'aînée, Charlotte-Marguerite, née le 4 novembre 1736, épousa, en 1765, Henri-François Werbier de Chartres. Une de ses autres filles, Constance-Josephette d'Arnaud, née le 20 avril 1739, hérita du vicomté de Beauvoir.

Charles II d'Arnaud mourut à Abbeville, le 22 novembre 1763, à l'âge de 54 ans ; son corps, transporté à *Beaucamps,* selon ses dernières volontés, fut inhumé le 24 novembre dans le chœur de l'église, du côté de l'Évangile (1).

La famille d'Arnaud, originaire du Languedoc, avait pour armes : *de gueules au chevron d'argent chargé de deux palmes adossées de sinople et accompagné de 3 besans d'or, 2 et 1, écartelé d'argent à l'aigle de sable, becqué et membré de gueules, le vol abaissé.*

Charlotte-Marguerite d'Arnaud conserva la terre de *Beaucamps* jusqu'en 1765, époque de son mariage avec Henri-Eugène Werbier de Chartres, qui devint ainsi héritier de Charles d'Arnaud. Il garda cette seigneurie de 1765 à 1771, et la vendit ensuite à Adrien-Charles

---

(1) État civil de la commune de *Beaucamps-le-Vieux* :

« L'an mil mil sept cent soixante trois, le vingt quatrième jour de novembre, le corps de Messire Charles d'Arnaud, chevalier, seigneur et patron de cette paroisse, seigneur de Frettemeule, Seronville et autres lieux a été apporté de la paroisse de Saint-Jean des Près de la ville d'Abbeville, lieu ordinaire de son domicile, décédé d'avant-hier agé d'environ cinquante quatre ans, muni des sacrements de l'Église et a été inhumé dans le chœur de cette église du côté de l'Évangile par maitre Adrien Poivret, curé de *Beaucamps-le-Jeune,* en la présence de dom Wulfran d'Arnaud, son frère, trésorier du prieuré de saint-Pierre d'Abbeville, ordre du Cluni, et prieur titulaire de Saint-Gelais, de Me de Villepoix, curé de La Boissière, Rigaut, curé de La Fresnoye, Denielle, vicaire de la dite paroisse, de Monsieur Caignard, vicaire de ce lieu, du sieur Cocu, prêtre originaire du même lieu, et de moi, Hecquet, curé de ce lieu et de cette paroisse. »

Dubus. Il la racheta en 1781, et fut le dernier seigneur de *Beaucamps.*

Adrien-Charles **Dubus,** chevalier, vicomte de Wailly, « mestre de camp de cavalerie, ancien premier maréchal de logis des chevau-légers de la garde ordinaire du roi, chevalier de l'ordre royal et militaire de Saint-Louis, résidant à Wailly » (1), fils de Jean-François et d'Agnès Tillette, épousa Françoise-Clotilde du Chesne, qui ne lui donna pas d'enfants. Armes : *d'azur au chevron d'argent, chargé de 3 trèfles de sable et accompagné de 3 mollettes d'éperon de même.*

Eugène-François-Henri **Werbier de Chartres,** écuyer, seigneur de *Beaucamps-le-Vieux,* Chatenay, Valangard et autres lieux, officier des mousquetaires de la garde ordinaire du roi, en sa seconde compagnie, chevalier de l'ordre militaire et royal de Saint-Louis, lieutenant-colonel de cavalerie, donna en 1771 commission de bailli de *Beaucamps-le-Vieux* à Nicolas Clairé (2). Ce seigneur est encore mentionné aux archives de *Beaucamps,* dans un acte de vente daté du 9 juin 1786, en vertu duquel il cède aux sieurs Villerel et Leclerc une propriété sise à *Beaucamps,* rue de l'Église (ancienne école communale de garçons (3).

(1) Archives départementales.
(2) Archives départementales.
(3) Tout ce qui précède a été tiré du nobiliaire du Ponthieu et du Vimeu, de MM. de Belleval, Prarond et de Louvencourt ; du *Dictionnaire de la noblesse,* par de La Chesnaye-Desbois ; du *Dictionnaire de la noblesse* des Bénédictins, des archives départementales et des archives communales.

X.

Les seigneurs du Bois de Rambures, suzerains de la terre de Beaucamps.

Beaucamps, à toutes les époques de son histoire, relevait du Quesne, et nous possédons plusieurs aveux de seigneurs de Beaucamps qui attestent ce fait.

Les héritiers de la terre du Quesne, qui furent les marquis de Rambures, conservèrent les mêmes prérogatives que leurs prédécesseurs, et nous les voyons s'intituler « seigneurs en partie de cette paroisse (de Beaucamps), et suzerains de l'autre (1) ».

Nous donnons ici la liste des seigneurs du Quesne qui furent en même temps suzerains de *Beaucamps*.

Le premier en date est *Foulques du Quesne*, qui paraît en 1203, dans une charte de donation faite à la maladrerie du Quesne, par Enguerrand de Saint-Aubin. Il eut un fils, Gauthier, déjà mentionné.

Jean du Quesne, un de ses descendants, qui posséda comme seigneur la terre du Quesne, laissa une fille, Jeanne, qui épousa, en 1375, Jean IV Tyrel, sire de Poix.

Vers la fin du xiv° siècle, nous voyons la seigneurie du Quesne appartenir à la famille *du Quesnoy*.

Guillaume du Quesnoy, qui mourut sans enfant,

(1) État-civil de Beaucamps.

eut comme héritier *Jean du Quesnoy*, dit *Mignot*. Son fils cadet, *Raoul du Quesnoy*, dit *Estourmy*, vendit le 20 juillet 1407, à *Philippe de Rambures*, « escuier aisné fils » de David de Rambures et de Catherine d'Auxy, « le treffons » de la seigneurie du Quesne, moyennant « six chens et chinquante frans d'or, scze sols parisis pour pièce frans denier de vente ».

La famille des *de Rambures*, une des plus illustres de la Picardie, a une origine très ancienne. Elle remonte à *Jean I*er, gouverneur de Guise, qui vivait vers 1326. Son fils, André épousa Jeanne de Bragny, de laquelle naquit *David*, chambellan du roi, maître des arbalétriers en 1411, qui, à la journée d'Azincourt (1415), perdit ses trois fils, entre autres *Philippe*, mentionné plus haut. Il mourut quelques mois après cette bataille.

Philippe n'ayant point laissé d'enfants, *André II* lui succéda. Ce dernier servit sous Charles VIII, de 1420 à 1449; il eut un fils, *Jacques de Rambures*, qui devint chambellan du roi et gouverneur de Saint-Valery. De son mariage avec Marie de Berghes naquirent plusieurs enfants, parmi lesquels *André III*, seigneur du Quesne et d'Hornoy, qui fonda le couvent des Minimes d'Abbeville, et laissa comme héritier *Jean III*, comte de Dammartin. *Jean III* étant mort sans postérité, *Philippe de Rambures*, second fils d'*André III*, lui succéda. Il mourut sans enfants et légua tous ses biens à son frère aîné, *Oudard*, tué au siège de Rouen en 1562.

Jean IV, un de ses frères, lui succéda comme seigneur du Quesne, et eut de son mariage avec Claude de Bourbon *Charles I*er, dit le *Brave de Rambures*, capitaine de cinquante hommes d'armes, mort à Paris le

13 janvier 1663, après avoir été contraint de se faire couper un bras pour deux vieilles blessures reçues, l'une à Ivry, et l'autre au siège d'Amiens.

De son mariage avec Renée de Boulainvillers, dame de Courtenay, il eut :

1° *Charles*, marquis de *Rambures* et de Courtenay, qui mourut à Calais le 11 mai 1671, et fut enterré au couvent des Minimes d'Abbeville, où était le tombeau de ses pères ;

2° *Louis-Alexandre*, marquis de *Rambures*, colonel d'un régiment d'infanterie, tué à l'âge de dix-huit ans d'un coup de mousquet qu'il reçut sous l'œil droit, en Alsace, le 23 juillet 1676.

A la mort de Louis-Alexandre, la terre de *Rambures* revint à *François de la Roche*, marquis de Fontenilles, qui avait épousé le 14 mars 1645 Charlotte de Rambures, sœur de Charles, père de Louis-Alexandre.

François de la Roche eut un fils : *François*, sire de *Rambures*, comte de Courtenay, puis marquis de Fontenilles, qui s'unit en 1683 à Marie-Thérèse de Mesmes (1), et mourut en avril 1728. Il eut deux fils, qui furent :

Louis-Antoine, qui suit. — Antoine-René, évêque de Meaux, de 1738 à 1759, aumônier de Madame la Dauphine, mort le 7 janvier à l'âge de soixante ans.

Louis-Antoine de la Roche-Fontenilles, marquis de Rambures, maréchal des camps et armées du roi, mourut en juin 1755 à l'âge de cinquante-neuf ans. De son mariage avec Élisabeth-Marguerite de Saint-Georges-

---

(1) Morte à Paris le 6 janvier 1735, à l'âge de quatre-vingt-sept ans.

Verac (1), il eut : Antoine-César, comte de la Roche-Fontenilles, marquis de *Rambures,* officier au régiment du roi, infanterie, décédé à Paris en 1764, à l'âge de dix-huit ans. Sa sœur, Antoinette-Adélaïde, hérita de ses biens. Elle épousa en 1763 Jean-Baptiste-François-Menelaüs *Colbert de Croissy,* dont elle n'eut point d'enfants.

Elle laissa comme héritier son cousin, Adélaïde-Honoré-César de La Roche, à condition qu'un de ses fils prendrait le nom de Rambures.

Il fut le dernier suzerain de Beaucamps et le dernier seigneur du *Bois de Rambures* (2).

---

(1) Morte à Paris le 7 octobre 1765, à l'âge de cinquante-six ans.

(2) *Dictionnaire de la noblesse,* par DE LA CHESNAYE-DESBOIS. — *Des familles Picardes,* ouvrage manuscrit, sans nom d'auteur.

XI.

La terre de Beaucamps aux diverses époques.

§ Ier.

La terre et seigneurie de *Beaucamps* était « un fief de haubert indivisible et impartable entre mâles (1) ».

Elle consistait en un manoir entouré de 8 journaux de terre et jardins (6 journaux 1/2 de terre, le reste en jardins) (2), 24 journaux de bois y attenant, 66 journaux aux lieux nommés les « coutures », 26 autres journaux en deux pièces (3). En tout 124 journaux.

Les 8 journaux de terre et jardins étaient compris entre la *Beuville* et l'*Avalache*; le bois y attenant peut être représenté par cette portion de terrain placée entre l'Avalache, le chemin de Liomier et au delà ; il était borné vers le nord par le bois Saint-Pierre ; quant aux 92 autres journaux, l'absence de documents ne nous permet point de préciser leur situation exacte. Une partie néanmoins devait occuper les herbages et les terres de l'ancienne ferme de Beaucamps, jusqu'aux territoires de Saint-Germain-sur-Bresle et Beaucamps-

---

(1) Mémoire pour Louis d'Estrades, déjà cité.
(2) Archives départementales.
(3) Dom Grenier.

le-Jeune ; une autre, toute cette portion (herbages et terres) entre les rolettes, la gare et au delà.

Le seigneur de *Beaucamps,* qui avait le patronage (1) de l'église et nommait à la cure, payait à Noël, pour son manoir, 16 deniers à son suzerain ; il était en outre tenu par autant de relief et d'aides.

D'après Dom Grenier, « il existait un four banal, excepté pour les hommes liges, et il y avait plusieurs hommes tenant en cotterie ».

Au siècle dernier, la terre de Beaucamps valait au moins 1,000 livres de rente (2).

Il nous reste une description de ce pays, datée de 1763 : « *Beaucamps-le-Vieil* est une paroisse. Le prin-
« cipal seigneur est le sieur d'Arnaud président en
« l'élection de Ponthieu. Monsieur le marquis de *Ram-*
« *bures* y a un fief considérable, 331 feux, ni ferme, ni
« hameau qui en dépende. Ce village est assis dans une
« petite plaine environnée de bois. Le terroir est de peu
« d'étendue, les terres sont médiocres, 4 laboureurs ;
« les autres habitants sont presque tous fabricants de
« bellinges, qui sont de grosses étoffes à l'usage des
« habitants de la campagne.

« *Beaucamps* est entièrement de l'élection de Pon-

---

(1) Le patronage était un droit honorifique accordé aux laïques qui avaient doté, fondé ou construit une église, de lui donner un un curé.

Le seigneur de *Beaucamps-le-Jeune* était également patron de l'église de ce lieu. Il eut une contestation à ce sujet avec le duc d'Aumale ; le différend ne fut tranché qu'au commencement du xviiie siècle, après avoir duré plus de deux cents ans.

(2) Prarond et de Louvencourt.

« thieu, à trois quarts de lieue du chemin d'Abbeville à
« Aumale. Il y a un moulin à vent (1). Point de bureau
« de marque, ni biens communaux, ni foire, ni mar-
« ché (2). Le pied de taille est de 1,600 livres (3). »

Les quatre contributions directes rapportaient au siècle dernier 7,364 livres (4).

Beaucamps avait autrefois une prévôté tenue comme fief de la seigneurie. Le prévôt s'intitulait encore dans les actes « lieutenant de la terre et seigneurie du haut (5) et bas (6) « Quesne ». Il était chargé de « faire les ajour-
« nements aux francs hommes et aux hommes de
« poeste, il pouvait prendre à gage de replage de justice
« les malfaiteurs, lever toutes les amendes en cas de
« saisie en roture et pour ce faire ces choses, il a les
« saisines (prises de possession), ou dessaisines, fausses
« clameurs, le tiers de toutes les amendes, hors celles
« de 60 sols dont n'a que 10 sols ».

§ II.

Le bois Saint-Pierre.

L'abbaye de *Selincourt,* fondée en 1131, par Gauthier Tyrel (7), seigneur de Poix, sur un terrain inculte,

---

(1) Ce moulin à vent était placé à l'extrémité de la rue du *Moulin*, près du chemin conduisant au cimetière.

(2) Comme on le voit, le marché du dimanche n'est pas très ancien; il remonte probablement au commencement de ce siècle.

(3) Alcius-Ledieu, *La vallée du Liger et ses environs.*

(4) Archives départementales.

(5) Le haut Quesne était le Bois de Rambures.

(6) Le bas Quesne, ou Le Quesne, situé dans la vallée.

(7) On présume que ce fut *Gauthier Tyrel* qui tua, le 2 août

devint florissante au xiii⁰ siècle. En 1209, Bernard de Soissons, seigneur de Moreuil, fit présent à l'abbé Guillard (1209-1221), de la Sainte-Larme du Christ, et ce fut une source de richesses pour ce monastère, qui posséda, dans la suite, de grands biens.

Les moines de *Selincourt* avaient, en toute propriété, un bois à *Beaucamps,* le bois *Saint-Pierre,* d'une contenance de 40 à 45 journaux (1), 10 journaux d'enclos, aux lieux dits : Le grand et le petit patis des Moines, et 29 livres de censives (2). Ces biens, vendus à la Révolution, furent donnés à l'abbaye de *Selincourt* (3), vers

1100, *Guillaume II le Roux,* roi d'Angleterre. Les chroniques rapportent que Guillaume chassant un jour dans la Forêt-Neuve, « tout à coup un grand cerf courut vers lui et le roi de crier à un de ses chevaliers, *Gauthier Tyrel :* « Tire donc, tire donc, de par le diable. » Le trait partit, vint se heurter contre un arbre, fit un ricochet et frappa le roi en pleine poitrine. Il tomba. Tous ceux qui l'accompagnaient s'enfuirent avec *Gauthier*. Des passants ayant trouvé le corps du roi, le placèrent sur un mauvais chariot de charbonnier pour le transporter à Winchester ; mais, dans un chemin défoncé, le chariot se rompit, et les paysans abandonnèrent le cadavre au milieu de la boue.

(1) *Dom Grenier* dit que l'abbaye de Selincourt possédait à Beaucamps 145 journaux de bois ; il y a erreur, c'est 45 journaux qu'il faut lire. Le cartulaire de Selincourt mentionne 40 journaux seulement.

(2) On appelait *censives* des terres concédées à charge de prestations pécuniaires, et qui se distinguaient des fiefs : 1° en ce qu'elles étaient nobles du côté du concédant, et roturières du côté du cessionnaire ; 2° en ce qu'elles n'établissaient, entre le seigneur et le vassal, qu'un rapport réel et non personnel. (Larousse, *Dictionnaire*.)

(3) L'abbaye de *Selincourt,* fondée en 1131, obtint la même année de Garin, évêque d'Amiens, une charte de fondation qui fut confirmée en 1135 par Renauld, archevêque de Reims.

Ce monastère jeta un vif éclat sous ses premiers abbés :

1270, par un seigneur de *Beaucamps*, du nom d'É-

Gauthier, 1131-1164; Eustache, 1164-1177; Florent, 1177-1193.

Incendié au xv⁰ siècle, sous l'abbé Henri de Malon (mort en 1436), et dévasté sous Jean VII, qui vécut jusqu'en 1448, le couvent se releva promptement de ses ruines avec Guillaume I⁰ʳ, Matifas, 36⁰ abbé (1479-1498), et avec son successeur, Jean Fretel. Il devint, dans la suite, un des premiers monastères de la Picardie, et compta parmi ses abbés des Créquy, un Sébastien Galigaï, archevêque de Tours, et frère de la maréchale d'Ancre, des de Vervins, des de Croy.

L'église abbatiale était une des plus remarquables de la contrée.

Dans cette partie de la Picardie existaient encore les abbayes non moins célèbres du Gard et de Bouillancourt-en-Séry.

La première fut fondée en 1139 par Gérard I⁰ʳ, vidame de Picquigny, dont la famille joua un si grand rôle dans notre histoire.

Un document tombé entre nos mains nous fait croire que le sultan Malek-an-Salad-Eddin, plus connu sous le nom de Saladin, qui succéda en 1175 à Nourr-Eddin, et qui, après avoir été vaincu par les chrétiens à Ramla (1178), fit plus tard prisonnier Guy de Lusignan, à la journée de Tibériade, était issu de la famille de Picquigny.

Nous essaierons de démontrer ce fait, dans un opuscule que nous ferons paraître à ce sujet.

L'abbaye de *Bouillancourt-en-Séry* (Seriacum in pratis), fut fondée en 1127 par Ancel de Cayeux, seigneur de Bouillancourt, de Friville et de Rambures. Ce fut dans l'église de ce monastère que l'on inhuma le corps de Catherine de Valois, sœur de Philippe VI, roi de France (1345).

Mentionnons encore, dans la riante vallée de la Bresle, un peu plus haut que Bouillancourt-en-Séry, l'abbaye de Lieu-Dieu *(Locus Dei)*.

La plupart de ces monastères furent élevés à la fin du xi⁰ siècle ou au commencement du xii⁰ siècle, grande époque où « l'âme
« s'éleva jusqu'au ciel, ... où l'homme construisit ces temples
« magnifiques que nous admirons encore.....

« Quand ces cathédrales sortirent du sol comme par enchan-
« tement, on se demanda si la terre n'avait point voulu défier la

tienne (1). Ils formaient en tout un revenu de 150 livres.

Les religieux avaient fait bâtir, près du bois Saint-Pierre, une petite chapelle à l'endroit où se trouve aujourd'hui le Calvaire, lieudit *La Chapelette*.

§ III.

Le Bois de Rambures.

Le quartier du *Bois de Rambures*, ainsi appelé parce qu'il occupe l'emplacement d'un ancien bois appartenant jadis aux marquis de *Rambures*, était, avant la Révolution, une dépendance du Quesne, et n'avait d'autre seigneur que le seigneur de ce pays, c'est pourquoi cette partie de Beaucamps est mentionnée dans divers actes du siècle dernier sous le nom de Haut-Quesne, par opposition au Quesne (Bas-Quesne) qui se trouve dans la vallée.

Le *Bois de Rambures*, divisé en haute et basse Rambures, est de date relativement récente. En 1735, *Louis-Antoine de La Roche de Rambures,* seigneur du Quesne, fit construire un chemin de quinze pieds de large, allant de *Beaucamps au Quesne*. A cet effet (sans doute pour payer les frais de ce chemin), « le *Bois de Rambures*

« nature, tant ces travaux paraissaient audacieux et surhumains.
« Ces temples tenaient du prodige, on n'avait point encore vu
« de voûtes si élevées, de colonnes si légères, de lignes si
« délicates ; et ces monuments, simples dans leurs formes,
« étaient le reflet de la pureté de l'âme, des croyances vives, des
« aspirations célestes de cette époque.
« L'homme s'était élevé jusqu'au ciel, et on eût dit que l'homme
« avait arraché de la voûte éternelle une parcelle du génie de
« Dieu. » *(Études sur le Moyen Age*, P.-L. Limichin.)

(1) Cartulaire de Selincourt.

« fut divisé en différentes portions (1) que le bailli
« du Quesne loua par adjudication, à condition pour
« les adjudicataires de faire bâtir une maison dans
« chaque portion, après que la haute et basse futaie
« seront enlevées par le seigneur (2) ».

La tradition rapporte que, sur la fin du siècle dernier, il existait dans le quartier du *Bois de Rambures* un château qu'avaient fait construire les seigneurs de *Rambures,* et qui leur servait de pied-à-terre à certaines époques de l'année, principalement au moment de la chasse.

La tradition paraît aller un peu trop loin, lorsqu'elle qualifie de château une simple demeure qui ne différait des autres habitations que par son étendue, et peut-être bien par la valeur des matériaux qui entraient dans sa construction (3).

Cette propriété, entièrement close, était entourée d'un fossé profond (4).

Quoique dépendant du Quesne, le quartier du *Bois de Rambures* faisait partie de la paroisse de *Beaucamps,* et le revenu de ce fief était, au siècle dernier, d'environ 100 livres (5).

---

(1) On peut encore voir de nos jours les limites de ces portions de terrain concédées par le marquis de Rambures.
(2) Archives departementales.
(3) Le chemin qui se trouve derrière les herbages de la Sacqueville, et aboutit à la Plaine, appartenait autrefois au marquis de Rambures (tradition).
(4) Tradition.
(5) PRAROND et DE LOUVENCOURT.

XII.

Bailliage d'Arguel. — Bailliage de Beaucamps. — Sentences rendues par ces deux Bailliages.

Avant qu'un bailliage ne fût créé à *Beaucamps*, ce village relevait du bailliage d'Arguel. Nous possédons plusieurs sentences rendues par les baillis d'Arguel, et concernant la population de *Beaucamps*. Citons les plus importantes :

1733. — « Procès-verbaux de plaintes faites par la
« plus saine partie des habitants de *Beaucamps-le-*
« *Vieux,* se prétendant vexés par les gardes et briga-
« diers du duché d'Aumale, et par les archers de la
« maréchaussée du dit duché (1). »

1753. — « Sentence du bailli d'Arguel, ordonnant à
« Louis-François Grévin, qui, n'ayant d'autre qualité
« que celle de notaire de la sénéchaussée de Ponthieu
« à Abbeville, réside et entend résider à ce seul titre à
« *Beaucamps-le-Viel,* et ainsi faute par lui de s'être
« conformé à l'article 2 du chapitre 19 de l'ordonnance
« de François Ier, donnée au mois d'octobre 1535, de
« se retirer dans le délai de huitaine hors du ressort
« du bailliage d'Airaines et d'Arguel, en sorte qu'il ne
« puisse entreprendre nullement sur les fonctions des

(1) **Archives** départementales.

« notaires du dit bailliage par la passation d'aucun acte
« qui exige séjour et résidence (1). »

1767. — « Sentence faisant défense aux habitants de
« *Beaucamps-le-Vieux* de faire garder leurs bêtes à
« laine par tout autre que le berger communal (2). »

Le bailliage de *Beaucamps* n'ayant été créé que
quelques années avant la Révolution, ne nous a laissé
aucune pièce importante. Il existe la transcription
d'une donation faite le 12 août 1713 par Jean-Baptiste
Vincant, demeurant à *Beaucamps*, « légataire universel
« de Marie Vincant, sa sœur, veuve de Jacques Leroy,
« en exécution des dernières volontés de celui-ci, à la
« fabrique du dit lieu, d'une rente de 16 livres à charge
« de 5 obits solennels par an et d'un sermon sur la
« résurrection le jour de Pâques (3) ».

(1) Archives départementales.
(2) Archives départementales.
(3) Archives départementales.

XIII.

Contrairement à l'opinion, Beaucamps a toujours été du Ponthieu, n'a jamais relevé du Comté d'Aumale, et ne formait qu'une seule seigneurie.

Il n'y avait autrefois à *Beaucamps* qu'un seul fief, contrairement à ce que pensent certaines personnes, qui vont jusqu'à diviser cette terre en deux parties, dont l'une au nord, parallèlement à la rivière du Liger, relevait du Ponthieu, et l'autre au sud, dépendait du comté d'Aumale.

Aucun document ne prouve ce fait, et nous avons déjà montré précédemment, que le quartier situé vers le Liger n'était autre que le *Bois de Rambures*, qui d'ailleurs n'avait rien de commun avec le fief de *Beaucamps*.

Les quelques aveux (1) que nous possédons des seigneurs de *Beaucamps*, nous font connaître que ce village relevait autrefois du Quesne. On commet donc une grande erreur en croyant que ce fief était autrefois tenu du comté d'Aumale.

Les différents actes que nous avons se rattachent tous au bailliage d'Arguel, à l'élection ou sénéchaussée de Ponthieu et à la généralité d'Amiens; nulle part

---

(1) *L'aveu* était une sorte de déclaration de biens qu'était tenu de faire un vassal à son suzerain.

nous ne trouvons aucun indice qui puisse faire supposer que *Beaucamps* relevait d'Aumale.

La paroisse de Beaucamps faisait partie, au siècle dernier, du diocèse de Rouen, de l'archidiaconé d'Eu, et avait pour curé le doyen d'Aumale; on ne peut expliquer pourquoi, ne possédant aucun document à ce sujet.

Dans les actes de l'état civil, le curé de Beaucamps se disait : « Doyen du doyenné d'Aumale et curé de la paroisse de *Beaucamps-le-Viel.* »

XIV.

Le Cimetière.

Le cimetière de *Beaucamps* était jadis placé auprès de l'église, comme cela se voit encore dans beaucoup de villages. A maintes reprises, on a pu constater la présence d'ossements humains, lorsque, pour une cause quelconque, on remuait la terre dans un espace de quelques mètres entourant cet édifice.

En 1848, comme on creusait derrière le chœur de l'église pour planter l'arbre de la liberté, on mit à découvert un squelette presque entier.

Tout prouve qu'à une époque assez reculée ce terrain servait de sépulture aux habitants du pays ; la tradition, d'ailleurs, n'est pas contraire à cette idée.

Cet état de choses dura longtemps. Au milieu du xviie siècle, la ferme de *Saint-Martin-Horest* ou *lez Beaucamps,* qui dépendait de ce village pour certaines redevances, et donnait une fois par an le pain bénit à l'église, fit une fondation pieuse en léguant à perpétuité une parcelle de terrain dont la contenance est évaluée à 20 ares 54 centiares (1), destinée à servir de cimetière à la population de *Beaucamps*. Ce terrain fut borné par quatre tilleuls, d'où le lieu dit « les Quatre ». On appela ce cimetière : « cimetière de *Saint-Martin* ».

Plusieurs fois on l'agrandit. En 1838, Mme Vve Leroux

---

(1) Archives communales.

fit don à la commune d'un terrain d'une contenance de 10 ares 16 centiares, qui fut ajouté au vieux cimetière en 1840 (1).

Plus récemment, en 1872, grâce aux générosités de MM^{lles} Françoise et Marguerite Leclercq, le cimetière s'accrut de 20 ares 16 centiares (2).

Par suite de ces différentes donations, une grande partie du cimetière de *Beaucamps* se trouve sur le territoire de Laboissière ; le cas est assez singulier, et mérite d'être mentionné.

Le vieux cimetière est sur *Beaucamps*, la parcelle de terrain donnée par Mme Vve Leroux appartient à Laboissière, et enfin, ce que l'on appelle aujourd'hui le nouveau cimetière est en partie sur Laboissière, et en partie sur *Beaucamps*.

(1) Archives communales.
(2) Archives communales.

XV.

L'Église.

§ Ier.

L'église de *Beaucamps* n'offre rien de bien remarquable ; une partie, le chœur, semble appartenir au xve siècle. Cette église, conçue dans de vastes proportions, est malheureusement restée inachevée, et aujourd'hui, par suite de travaux exécutés à différentes époques, elle n'est d'aucun style.

On trouve l'ogive aux fenêtres, et ces fenêtres si vastes, qui paraissent manquer aux lois de la proportion, répondent suffisamment à une idée de gothique flamboyant.

Les sculptures de la corniche qui couronne la maçonnerie sont exactement semblables à celles de l'église d'Aumale. Serait-ce le travail du même ouvrier ?

A l'intérieur, les culs-de-lampe que l'on remarque entre chaque fenêtre indiquent la naissance d'arcs diagonaux destinés à supporter la voûte. Cette voûte n'a jamais été construite, et celle qui existe aujourd'hui est de date toute récente (1839) (1).

L'église actuelle occupe l'emplacement d'une église beaucoup plus petite, qui devait exister au commence-

(1) Archives communales.

ment du xii° siècle (1), et dans le chœur de laquelle fut inhumé en 1218 *Bricard Cornu,* chevalier de Saint-Jean de Jérusalem.

D'après la tradition, la première église de Beaucamps aurait été détruite par les Anglais sur la fin de la guerre de Cent-Ans, ou, ce qui est plus probable, vers 1472, par les Bourguignons de Charles le Téméraire, qui incendièrent et mirent à sang toute cette malheureuse contrée, après leur échec devant Beauvais (2).

(1) La tradition nous apprend qu'autrefois *Beaucamps-le-Vieux* et *Beaucamps-le-Jeune* ne formaient qu'une seule seigneurie, et qu'avant la fondation de l'église de *Beaucamps-le-Jeune,* « les habitants de ce lieu étaient réduits à aller entendre la messe à *Beaucamps-le-Vieux,* qui est à la distance d'une demi-lieue. (Mémoire déjà cité.)

Vers la fin du xi° siècle, ou plutôt au commencement du xii° siècle, un seigneur de *Beaucamps-le-Vieux,* dont le nom nous est inconnu, démembra de sa seigneurie une portion de terrain, sur laquelle il fit construire l'église de *Beaucamps-le-Jeune,* et acquit à la terre le droit d'y présenter.

Il accompagna ce bienfait de différents ornements nécessaires au service divin, et de la donation d'un cimetière et d'un presbytère. Le mémoire pour Louis d'Estrades ajoute qu'au siècle dernier, la fabrique payait encore au seigneur, en reconnaissance de ces bienfaits, 5 sous tournois de rente seigneuriale.

Vers 1293, *Guillaume de Beaucamps-le-Vieux,* alors seigneur de *Beaucamps-le-Jeune,* céda le patronage de l'église au comte d'Aumale et à ses « hoirs ».

En 1339 commencèrent quelques contestations entre le comte d'Aumale et le seigneur de *Beaucamps-le-Jeune,* au sujet de ce patronage ; le différend ne fut tranché qu'au siècle dernier, en faveur du seigneur de Beaucamps-le-Jeune.

(2) « Le duc de Bourgogne prit son chemin vers Nesle en Ver-
« mandois, et commença exploit de guerre ord et mauvais, et
« dont il n'avait jamais usé ; c'étoit de faire mettre le feu par-

Plus tard, quand la « paix revint au royaume de France », on construisit une autre église, qui est celle que l'on voit maintenant.

Inachevée on ne sait pour quelle raison, on ajouta à la fin du xve siècle, peut-être bien au commencement du xvie, cette partie attenante au clocher, qui n'est autre qu'un bâtiment de mauvais goût et d'un style douteux.

Le clocher, entièrement construit en briques, est la partie la plus intéressante de l'édifice. C'est une tour carrée, flanquée à droite d'une petite tourelle qui lui donne l'aspect d'un clocher du moyen âge.

On pourrait croire que c'est un reste de l'ancienne église, et cette supposition paraîtrait vraisemblable s'il n'existait, à la jonction des arcs de la voûte de ce clocher, un écusson de la famille *Cornu*. Or, le premier *Cornu* ne devint seigneur de *Beaucamps* que sur la fin du xve siècle, et, selon toute probabilité, ce fut *Henri Cornu* qui édifia ce clocher, peut-être bien l'église entière.

Cette église a quarante-six mètres de long sur quinze de large.

La nef est un véritable cimetière. D'après les registres de l'état civil des siècles derniers, on compte plus de cent cinquante personnes qui y furent inhumées, et ce doit être un minimum.

Le chœur renferme les sépultures des curés François

« tout où il passait. (Commines). Il mit le siège devant Beauvais, « le 24 juin 1472, et le leva le 22 juillet. »

De Beauvais, le duc gagna la Picardie, ruina le sud de cette province, prit Blangy et Rambures. (D'après Jean de Troyes et les chroniqueurs de l'époque.)

de l'Étoile, décédé le 15 avril 1690 ; Jacques Cornu, 1692 ; François Hecquet ; Jean-François Hecquet ; Caignard, enterré le 9 fructidor an II (1).

Le chevalier Charles d'Arnaud, seigneur de Beaucamps, repose dans le chœur de l'église, du côté de l'Évangile (2). En terminant, mentionnons un écusson aux armes de France, placé à droite de l'autel.

La présence de cet écusson semble indiquer que *Beaucamps,* faisant autrefois partie du comté de Ponthieu, dépendait de ce fait des domaines de la couronne.

« Faisons savoir que toute la comté de Ponthieu doit
« et demeure perpétuellement adjointe à nostre do-
« maine et de la couronne de France sans en être
« jamais en aucun temps séparez ni transportez en
« aultre main. *Charles* roy. (Édit du Bois de Vincennes, 19 juin 1369.)

L'église est placée sous le vocable de Saint-Martin, archevêque de Tours.

§ II.

Cloches.

Les cloches qui existaient au commencement de ce siècle furent refondues en 1822, par Charles-Evrot Boudin, fondeur à Aumale (3). Elles sont au nombre de trois et portent les inscriptions suivantes : sur la plus petite : « *J'ai été bénie par M. Calippe, curé de ce lieu,*

---

(1) Registres de l'état civil.
(2) Registres de l'état civil.
(3) Archives communales.

et nommée Rose par M. Augustin-Prudent Beuvin et par dame Marie-Rose-Cécile Leclercq son épouse.

Sur la moyenne : *J'ai été bénie.....,* et nommée Marie par M. Pierre-Jacques Leroux fils et par dame Marie-Françoise Olive son épouse.

Sur la grosse : *J'ai été bénie.....,* et nommée Désirée par M. Jean-Baptiste-Alexandre Prouzel, maire de Neuville-Coppegueule, électeur du département et par dame Désirée Semichon son épouse.

XVI.

Les rues et les lieux dits.

Rue Beuville ou **Belleville**. *Beaucamps*, à l'origine, ne comprenait que ce quartier que nous appelons encore la ville. Vers la fin du xve siècle, on commença à construire, sur les dépendances de l'ancien château, toute une rue dont les maisons un peu plus confortables et d'un plus bel aspect firent donner à ce nouveau quartier le nom de *Beuville* (rue plus belle que celle de la ville).

Rue Sacqueville ; qui se « sacque » dans la ville, aboutit à la ville.

Nous savons déjà que *Beaucamps* s'étendait autrefois jusqu'au puits (1), et que toute cette partie, limitée par les rolettes, constituait la ville. La *Sacqueville* débouche en effet non loin de l'église, qui était alors comprise dans la ville. Ce quartier, selon notre opinion, a dû être construit au commencement du xvie siècle, quelques années après la *Beuville*.

Rue Brûlée, ainsi appelée parce que la plupart des maisons qui s'y trouvaient furent détruites par un incendie que la tradition place vers la fin du xviie siècle.

---

(1) Les limites du village étaient marquées près du puits, par un chêne qui fut abattu au commencement de ce siècle (tradition),

Le bout d'Eu ou **Boudeu**, le bout « d'ein heu, » le bout du village, l'extrémité du village.

La Ferme, lieu ainsi appelé parce qu'il y avait une ferme, qui existait encore il y a quelque trente ans.

L'Argillière, ou *Argilière*, endroit d'où l'on tirait autrefois l'argile. Une grande partie des vieilles maisons de *Beaucamps* ont été construites avec cette argile.

Chasse-Marée, chemin où passaient jadis les voitures qui portaient la marée à Beauvais.

La Croix-Rouge, à cause d'une croix peinte en rouge, que l'on voit encore.

La Croix de la Femme, près de la fabrique, ainsi appelée parce qu'elle fut plantée en mémoire d'une femme que l'on trouva assassinée en cet endroit (1).

---

(1) La tradition rapporte qu'à une époque que l'on peut faire remonter à un siècle et demi, vivait à *Beaucamps* un homme du nom de Valet, qui se rendit fameux par ses nombreux crimes.

Une femme fut un jour trouvée assassinée à l'endroit où l'on planta la croix dite « de la femme », et, quelque temps après, le soc d'une charrue découvrit un homme, au lieu appelé depuis « l'homme enterré ».

Valet était une espèce de fou furieux que la justice laissa trop longtemps impuni. Il profitait des ombres de la nuit pour tuer, à l'aide d'une serpe, ceux à qui il en voulait ou dont il espérait tirer un profit.

Ce fut avec beaucoup de peine que la maréchaussée de l'époque s'en empara, et, pour arriver à cette fin, elle soudoya son fils. On conte que Valet, accompagné de ce fils, fut cerné, un certain soir, dans un cabaret que les uns placent à *Beaucamps-le-Vieux*, les autres à *Beaucamps-le-Jeune*. Valet buvait tranquillement,

L' « Homme enterré » rappelle le souvenir d'un crime commis il y a environ cent cinquante ans. Un homme assassiné fut enterré en ce lieu, et retrouvé quelque temps après.

lorsque, à un signal convenu, son fils éteignit la lampe et enleva la trop fameuse serpe. Le brigand, sans défense, fut garrotté et emmené.

XVII.

Coutumes anciennes. — Mi-Mars. — Le Clocheteur des Trépassés. — L'Arbre de Mai. — Les Herminettes.

On retrouve à *Beaucamps* quelques anciennes coutumes qui tendent à disparaître. Une de ces coutumes, connue sous le nom de *Mi-Mars,* consiste à faire flotter sur l'eau, vers l'époque du 15 mars, des coques d'œufs remplies d'huile, dans laquelle trempe une mèche allumée.

Mi-Mars paraît avoir une origine très ancienne, et remonte probablement aux Romains, qui saluaient le retour du printemps en parcourant les villages, armés de flambeaux et en chantant un refrain qui n'est pas venu jusqu'à nous.

Le *Mi-Mars*, qui existe à *Beaucamps*, a une grande analogie avec la fête des céréales, que l'on célébrait à Rome le IV des ides d'avril. C'est un adieu à l'hiver, un salut aux beaux jours, comme l'indiquent ces quelques vers que les enfants se plaisent à chanter en ce temps-là :

> Mi Mar (mars)
> ché candeilles dans ché mares,
> ché cambrillis
> dans ché cortis ;
> ché platinettes
> dans ché rolettes
> Adiu tous ché cu brulés (1).

(1) Autrefois, dans les longues veillées de l'hiver, on se servait

Depuis un temps immémorial, on voit à *Beaucamps* un Clocheteur des Trépassés, qui parcourt le pays et annonce le décès au son de deux clochettes : « Je recom-
« mande à vos prières N... décédé, pour qui le service
« sera célébré demain à ... heure. »

« Priez Dieu pour le repos de son âme. »

Autrefois, dans la nuit du 1er au 2 novembre, veillée des morts, le clocheteur allait de rue en rue, et après avoir clocheté une dizaine de fois, chantait sur un air lugubre :

> Réveillez-vous, bonnes gens qui dormez,
> Priez Dieu pour l'âme des trépassés.

Plusieurs ordonnances de l'échevinage d'*Amiens* parlent en ces termes des clocheteurs des morts :

« Le clocheteur ou recommandeur des trépassés est
« pour recommander aux prières des bonnes gens ceux
« qui sont décédez la veille, dont il est baillé mé-
« moire. »

Rappelons encore, parmi les coutumes de *Beaucamps*,

de candeilles (chandelles), de cambrillis, sorte de fer recourbé, destiné à supporter une platinette (petit vase en terre), que l'on remplissait d'huile dans laquelle trempait une mèche que l'on allumait.

Ces quelques vers signifient qu'à l'approche du printemps, la journée étant plus longue, on n'a plus besoin de se servir de candeilles, de cambrillis ni de platinettes, qu'il faut donc s'en débarrasser en les jetant soit dans une mare, dans un cortis (herbage), ou mieux encore, dans les rolettes (chemin étroit bordé de haies). Quant au derniers vers, il fait évidemment allusion aux couvets, que les femmes ont encore l'habitude d'employer l'hiver.

l'arbre de *Mai,* que l'on allait couper en foule dans un bois et que l'on plantait près de l'église.

De nos jours, on ne plante plus le *Mai;* les jeunes gens clouent une branche d'arbre au mur des maisons où il y a des jeunes filles à marier. Le prétendant, qui en fait les frais, risque souvent de se rompre le cou en essayant d'escalader le mur de la maison de sa dulcinée.

A côté de ces quelques coutumes, on trouve un certain nombre de superstitions qui tendent à disparaître, comme les apparitions de revenants, d'herminettes, ainsi que les désignent les *Beaucampois,* sans doute parce que ces revenants étaient aussi blancs que la blanche hermine.

La tradition rapporte que certaines maisons de la rue *Minette,* ainsi appelée à cause des herminettes, étaient hantées par ces revenants ; qu'il n'y avait ni trêve ni repos pour ceux qui les habitaient.

Quand le soleil était sur son déclin et que la nuit s'annonçait, des ombres vêtues de blancs manteaux, montées sur des squelettes de chevaux couverts d'un drap mortuaire, sortaient du bois du *Vaudier,* pénétraient dans les herbages et les jardins, et faisaient entendre des voix plaintives qui répandaient la terreur dans les maisons voisines.

Les herminettes entraient dans les habitations, remuaient les meubles, cassaient les assiettes, et demandaient aux vivants une prière pour le repos de leur âme.

Mentionnons, en terminant, une croyance relative au Jour des Morts.

La nuit du 1ᵉʳ au 2 novembre, les âmes des trépassés se réunissent dans le cimetière et appellent en gémissant leurs parents ; elles les supplient de ne point les oublier dans leurs prières.

XVIII.

Sapeurs-Pompiers.

Beaucamps-le-Vieux possède, depuis près de quatre-vingts ans, des sapeurs-pompiers.

Au commencement du siècle, il y avait déjà dans la commune deux pompes, l'une en bois et l'autre en cuivre, que l'on ne sortait qu'en cas d'incendie.

Vers 1823, Nicolas Pépin, alors maire, prescrivit la formation de deux escouades de pompiers, ayant pour chefs Charles-Auguste Pepin et Nicolas Berthe (1).

En 1836, on créa une demi-compagnie de sapeurs-pompiers, avec dix-huit hommes, un lieutenant (Delacourt Aimable), et un sous-lieutenant (Beuvin Jacques) (2).

Réorganisée à différentes reprises, notamment en 1845, à la suite de l'achat d'une pompe, et en 1874, cette compagnie ne fut définitivement organisée que vingt ans plus tard.

Grâce à l'initiative de M. Mercier, maire, la nouvelle compagnie de sapeurs-pompiers, qui se compose aujourd'hui de cinquante hommes, avec capitaine (M. Arsène Robart), lieutenant (M. Robart-Lejeune), et sous-lieutenant (M. Julien Tulle), fut entièrement habillée et armée, et le 7 octobre 1894 elle fut solennellement installée.

(1) Archives communales.
(2) Archives communales.

M. Lévecque, député de la Somme, fit don à la compagnie d'un magnifique drapeau et présida cette cérémonie.

A diverses époques, plusieurs pompiers furent récompensés de leurs bons et dévoués services.

Nous donnons ici leurs noms, persuadé qu'ils serviront d'exemple aux pompiers de la nouvelle compagnie, qui se feront un devoir et un honneur de marcher sur leurs traces.

MM.

Jean-Baptiste Villerel, caporal, médaille du département (1867).

Nicolas-Prudent Blondel, caporal, diplôme d'honneur (1881).

Louis-Prudent Gaudefroy, caporal, diplôme d'honneur (1886) et médaille de bronze départementale.

Stanislas Beuvin, pompier, diplôme d'honneur (1889).

Prudent Dubos, pompier, diplôme d'honneur (1892).

Florent Villerel, pompier, médaille de bronze départementale (1892).

XIX.

Maires de Beaucamps.

MM.

Jean-Baptiste Roch-Despreaux... (1).	1793-.....
Louis Hérelle	1800-1805.
Jean-François-Augustin Olive	1805-1819.
Nicolas-Pierre Pépin	1819-1830.
Pierre-Jacques Leroux	1830-1835.
Nicolas-Pierre Pépin	1835-1843.
Augustin Leroux	1843-1848.
Pierre-Nicolas Olive	1848-1852.
Defecque	1852-1855.
Delaire	1855-1859.
Dhercourt	1859-1865.
Pierre-Nicolas Olive	1865-1871.
Pierre-Jacques Leroux	1871-1877.
Louis Leroux	1877-1880.
Pierre-Jacques Leroux	1880-1893.
Sébastien Mercier....... depuis	1893.

(1) Les registres de l'état civil de cette époque sont tellement confus, qu'il est impossible de fixer le nom du maire qui existait alors.

XX.

Curés.

MM.

François DE L'ESTOILLE, décédé le 15 avril 1690, à l'âge de 86 ans.

Jacques CORNU, décédé le 20 mai 1692.

François HECQUET, 1692. décédé le 3 février 1738.

Jean-François HECQUET, 1738, décédé subitement le 2 septembre 1772, en allant faire une inhumation.

CAIGNARD, 1772, mort le 9 fructidor an II.

..... (1).

CALIPPE, 1804, décédé le 5 juillet 1825, enterré dans le cimetière de Beaucamps.

BATTREL, 1825, décédé le 23 décembre 1862.

HORDÉ, 1863-1875.

DUPLAN, 1875-1881.

Louis COUVREUR, depuis 1881.

(1) Pendant la Révolution, le culte fut célébré dans des maisons particulières.

XXI.

Maîtres d'École.

MM.

Martin DE SAPY.... vers	1725 (1).
Adrien BOURDON........	1730-1737 (2).
Jean-Baptiste CARON....	1746 (1).
Pierre SAUVAGE.........	1753 (1), mort en 1777.
Nicolas BOULOGNE.......	1772 (1), mort en 1782.
Nicolas LENGELLÉ.......	1783 (1).
André-Antoine BUIGNET..	1786 (1).
....	
Raphaël CARPENTIER.....	1818-1827.
Jean-Baptiste HOUPIN....	1827-1832.
Irené LEQUIEN..........	1833-1848.
VASSEUR...............	1848-1849.
V. GAVOURY............	1849-1858.
DAIRAINES..............	1858-1863.
ANCELIN	1863.
Ed. MACQUERON.........	1863-1881.
LIÉBERT................	1882.
BOUTON .... depuis	1882 (2).

(1) Mentionnés à ces dates dans les registres de l'état civil.
(2) Il existait autrefois à Beaucamps deux écoles, les grandes et les petites écoles.

TABLE

	Pages
Avant-Propos	I
I. — Le plateau de Beaucamps. — Terrain. — Le Vaudier. — Flore	1
II. — Situation de Beaucamps. — Eaux. — Puits. — Superficie territoriale. — Ressources de la commune. — Commerce. — Agriculture. — Voies ferrées. — Marchés	3
III. — La vallée de la Bresle. — Le vallon de Coppegueule. — Le Vaudier	10
IV. — Origine des premiers habitants de Beaucamps. — Fondation de Beaucamps. — Les Coppegueules. — Beaucamps-le-Jeune. — Les premiers seigneurs. — Le château	17
V. — La guerre de Cent-Ans	30
VI. — Les Belliard	36
VII. — Les Cornu	37
VIII. — Les de Monchy	44
IX. — Les derniers seigneurs de Beaucamps	46
X. — Les seigneurs du Bois de Rambures suzerains de la terre de Beaucamps	49
XI. § Ier. La terre de Beaucamps aux différentes époques. — § II. Le bois Saint-Pierre. — § III. Le bois de Rambures	53
XII. — Bailliage d'Arguel, Bailliage de Beaucamps. — Sentences rendues par ces deux bailliages	60
XIII. — Contrairement à l'opinion, Beaucamps a toujours été du Ponthieu, n'a jamais relevé du comté d'Aumale et ne formait qu'une seule seigneurie.	62

		Pages
XIV. — Le Cimetière		64
XV. § Ier. L'Église. — § II. Cloches		66
XVI. — Les rues et les lieux dits		71
XVII. — Coutumes anciennes. — Mi-Mars. — Le clocheteur des Trépassés. — L'Arbre de Mai. — Les Herminettes		74
XVIII. — Sapeurs-Pompiers		78
XIX. — Maires de Beaucamps		80
XX. — Curés		81
XXI. — Maîtres d'école		82

www.ingramcontent.com/pod-product-compliance
Lightning Source LLC
LaVergne TN
LVHW050608090426
835512LV00008B/1401